U0360469

增长密码

大型网站百万流量运营之道

胡勇◎著

机械工业出版社
China Machine Press

图书在版编目（CIP）数据

增长密码：大型网站百万流量运营之道 / 胡勇著. —北京：机械工业出版社，2019.9

ISBN 978-7-111-63581-9

Ⅰ. 增… Ⅱ. 胡… Ⅲ. 网络营销 Ⅳ. F713.365.2

中国版本图书馆 CIP 数据核字（2019）第 185984 号

增长密码：大型网站百万流量运营之道

出版发行：机械工业出版社（北京市西城区百万庄大街 22 号　邮政编码：100037）

责任编辑：欧振旭　李华君　　　　　　　　　　责任校对：姚志娟

印　　刷：中国电影出版社印刷厂　　　　　　　版　　次：2019 年 9 月第 1 版第 1 次印刷

开　　本：170mm×230mm 1/16　　　　　　　印　　张：10.25

书　　号：ISBN 978-7-111-63581-9　　　　　　定　　价：69.00 元

客服电话：（010）88361066　88379833　68326294　　　投稿热线：（010）88379604

华章网站：www.hzbook.com　　　　　　　　　　读者信箱：hzit@hzbook.com

谨以此书献给我的爱人陈文婷女士。她一直鼓励我把此书写完。感谢她对我在事业上的支持！

| SEO 圈内人士赞誉 |

每个互联网企业都需要一位首席流量官，他们要关注的不只是 SEO，但 SEO 肯定是他们需要非常重视的部分。大站 SEO 的最大挑战是系统性。本书既有细节，又有完整的框架，推荐从业者认真研读。

——赢时代创始人　曾荣群

做大型网站的流量总监，不但要具备流量大局观，还要具有对网站的每个细节进行精细优化的丰富经验。通过精读本书向胡勇老师学习，任何一位有志于做流量总监的人都可以快速成长起来，实现操盘百万级流量大站的梦想。

——搜外网创始人　夫唯老师

刑天始终认为北京公司擅长做大站 SEO，上海公司擅长做品牌 SEO，上海之外的一些南方公司则擅长"增长黑客"技术。本书作者验证并且改变了我的想法。书中运用大量案例，将 SEO 理论讲解得非常深刻，对大站 SEO 的讲解也是入木三分，而且还对 SEO 的"灰色地带"及增长黑客部分也有较多涉及。很显然，这不是一个职业写手的作品，而是一个有实实在在项目经验的行家里手的作品。

——网络营销人　刑天大叔

《增长密码：大型网站百万流量运营之道》汇集了大量的

SEO 实战经验，其中蕴含诸多大型网站的运营思维，值得每一个 SEO 从业人员精读。仔细研读本书，我发现书中对 <H> 标签等细节都有单独章节的介绍，足见作者的用心之处，相信即便作为一个 SEO 初学者也可以顺利地阅读本书，而且也会有不小的收获。

——《跟我学 SEO 从入门到精通》作者　张新星

胡勇的《增长密码：大型网站百万流量运营之道》一书系统地介绍了从搜索引擎的诞生，到 SEO 的兴起直至壮大等 SEO 的方方面面知识。书中穿插了很多案例，都以效果转化为核心，在运营上指引 SEO 的方向，是一本最为适合 SEO 从业者阅读的书籍。我很期待这本书的正式上市，也推荐大家认真阅读。

——时泽学院创始人　赵彦刚

胡勇兄弟的这本书可读性非常强，无论是对刚入门的 SEO 从业者，还是对 SEO "老兵"，都有一定的指导性。书中将 SEO 基础知识与实战案例相结合，从 SEO 升华到活动运营、平台运营等范畴，让现今众多迷茫的 SEO 人有了新方向。

——勤加缘网前运营总监 / 钢铁世界电商运营负责人　黄乃景

SEO 是每一个互联网人的必修课，它蕴含了互联网的流量、运营、转化、大数据、AI 和人群画像的底层逻辑。在喧嚣的互联网世界，SEO 是为数不多能低门槛改变无数互联网从业者命运的神技。胡勇不为外界噪音所扰，长期坚守在 SEO 的一线，着实让人佩服。此书不仅蕴含胡勇总结的大量 SEO 实操经验，更带着作者沉甸甸的执念与情怀，相信对大家学习 SEO 一定会有极大的帮助，值得期待。

——原 39 健康网流量运营总监 / 万站联盟创始人　大吉

SEO 早已是常规的低成本获客手段之一。小到创业公司，大到行业巨头都在做 SEO。诸如 BAT 等知名互联网公司，对 SEO 从业者的要求是非常高的。在招聘小伙伴的时候我发现了一个现象，很多人把 SEO 当成了一份孤军奋战的工作。这在大公司是行不通的。市面上已经有了很多的 SEO 书籍，但是还没发现大型网站如何做 SEO 的相关图书。相信胡勇的这本书能给大家带来不一样的 SEO 思维和认知。

——土巴兔流量运营经理　刘洪涛

2018 年 3 月 10 日，我有幸成为胡勇老师大型网站 SEO 培训课程的第一批学员。在此之前，我公司的网站流量已经处于瓶颈期很久，一直找不到解决办法。学习完胡勇老师的课程后让我感到醍醐灌顶，受益匪浅。老师无论是在技术层面，还是在网站整体运营层面都有独特的见解。老师通俗易懂的讲解让我很快掌握了核心要领，并且结合我公司网站的实际情况给出了一些非常有用的建议，以至于公司的业绩在后半年有了非常可喜的提升。之前就听老师说过想将多年的实战经验和技术整理、完善后出版，让大家足不出户就能吸取其精髓。如今这个想法即将变成现实，我非常期待能在出版后的第一时间收藏一本。在此非常感谢老师的辛苦付出，也希望这本书能帮助到更多像我一样的创业者。

——虎勇网 SEO 总监班线下第一期学员　向晶

近几年国内出版的中文 SEO 书籍不少，再加上各类博客、论坛，还有百度、谷歌的官方指南，以及站长平台等，SEO 从业人员可以从多种渠道学习 SEO 的知识和技巧。但胡勇的《增长密码：大型网站百万流量运营之道》一书有其独特的切入点和价值。

从我多年做 SEO 的经验看，越是大型网站，做 SEO 越容易出效果。小型网站，比如几十页的企业网站，能够优化的地方和程度是有上限的，就算把每个页面的 SEO 都做到极致，能得到的排名能力也是有限的，最后要"拼"的往往就是外链，而不是网站本身做得怎么样。所以 SEO 在很多人的眼里就是"发外链"，甚至就是垃圾制造者。但这并不是 SEO 的真正目的。大型网站有内容，有技术实力，但往往其结构庞杂，内容质量参差不齐，而这正是 SEO 最能发挥作用的地方，这种对网站本身的调整和优化，会直接带来收录、排名和流量的巨大提升。

很多 SEO 人员，尤其是初学者，所面对的最大困难是没有机会接触大型网站。虽然小型网站和大型网站的 SEO 原理与技巧是共通的，但是大型网站有其独特的问题和场景，而这些问题和场景一般不会出现在小型网站上。在自己的小网站上"折腾"，很难体会到大型网站 SEO 工作的范围、程序、难度和效果。

《增长密码：大型网站百万流量运营之道》这本书是解决这个难题的好助手。胡勇在这本书里深入探讨了做大型网站 SEO 会遇到的常见问题和处理方法。例如，SEO 必须遵循的系统性；多部门协同的复杂性和必要性；SEO 与产品运营及内容运营的相互促进；对流行的黑帽手法应采取的态度；对预测和数据分析的更高要求……

在网上经常会看到有些 SEO 从业者抱怨工作辛苦，待遇还低。但其实据我了解，很多大公司或大型网站对合格的 SEO 人员是有很大需求的，他们的待遇也非常好。不过，有个前提，你必须得是一个合格的、能胜任大型网站优化的 SEO 人员。相信这本书会对那些有志于进入大型网站 SEO 领域的同行有很大的帮助。

《SEO 每天一贴》博主　Zac（昝辉）

2019 年 3 月 30 日

　　我在互联网这个圈子不知不觉已经超过 12 个年头了。但是当我找遍了广州的大多数图书馆和书店，找遍了网上书店，仍然没有找到一本关于大型网站运营方面的图书，更别提找到大型网站流量运营和 SEO 方面的书籍了。

　　北京的大型互联网公司最密集，你只要具备大学本科学历，甚至专科学历，就有机会进入一家大型网站做与互联网相关的工作。笔者本人曾经在北京工作过两年半，发现北京是全国最具有互联网氛围的城市。因为全球互联网网站排名前 500 名的公司大多都将中国总部设在了北京。因此，大型网站基本都集中在北京。例如，新浪、搜狐、网易门户、腾讯门户、谷歌中国、百度、今日头条、58 同城、汽车之家、小米等大型网站都在北京。在北京的这两年半时间里，我的成长也是非常快的，主要原因就是受大公司互联网氛围的影响。

　　2010 年 3 月，我加入了一家深圳的大型互联网公司——500wan 彩票网（之后更名为 500.com 集团）。2011 年，500wan 彩票网在北京成立分公司，我也跟着公司来到了北京。2012 年 5 月，我加入了网易彩票，进入了当时仅次于 BAT，在全国排名第四的互联网巨头公司。在 500 彩票网和网易这两家大型网站，我积累了很多大型网站运营方面的经验，特别是 SEO 方面的经验。

　　2013 年，我第一次受爱站网 CEO 郑志平的邀请，录制了大型网站 SEO 方面的培训课程，开创了全国第一个大型网站 SEO 培训的先河。时隔 5 年，我又和搜外网站合作，录制了《大型网站

SEO 总监修炼之道》视频课程，共 48 集。该课程上线后很受欢迎，就算是 2800 元的定价，也有近万人参加了这个学习，如图 1 所示。

图 1　搜外网《大型网站 SEO 总监修炼之道》课程页面

录制完《大型网站 SEO 总监修炼之道》视频课程后，我发现很多学习 SEO 的人还是因为价格问题而无法学到正规的大型网站 SEO 操作方法与思维框架。因此，我决定将视频课程中讲解的内容重新整理与完善，再结合我多年以来做流量总监、网站运营总监和运营合伙人的经验，编写一本跟大型网站流量运营有关的书，希望能够对那些担任网站运营、流量运营、SEO、增长黑客、首席流量官、首席增长官等职务的人有一些帮助和启发。本书是我这些年做大型网站流量运营时的一些经验总结，都是基于真正的案例总结而来的一些"干货"，虽然篇幅不长，但有很高的价值，相信一定会对读者学习大型网站流量运营有所启发。

另外，现在的图书虽然琳琅满目，但质量却良莠不齐，让读者难以选择。关于如何挑选好书，我提供几点自己的经验供读者参考。

一是可以通过网络了解一下作者在所在行业的知名度。一般而言，一个行业里的知名人士在网上都是有一些介绍的，这类作者具备写作好书的基本条件，如果他文笔好，又用心，往往是可以写出来一本好书的。目前国内图书市场上一些口碑优秀的图书大多是这类作者所写。

二是看看这个作者是否有真正比较成功的案例，且比较愿意分享自己的经验。这类作者写的书往往很实用，和实际结合很紧密，读者能从他那里学到真正有用的东西。这类作者就算知名度不算高，但写的东西大抵还是不错的。国内原创图书市场上一些口碑良好的图书往往是这类作者所写。

虽然笔者在 SEO 和流量运营这个领域有超过 12 年的实战经验，也有很多成功案例，但本书写作时间较为仓促，书中可能还有一些不足之处，希望各位读者朋友多多包含。如果您对本书内容有疑问，或者有好的建议，都可以在本人的微信公众号《乌龟跑马拉松》上留言，提出您的建议和想法。

虎勇网 CEO 胡勇

于广州

|目录|

2019 年 1 月 10 日召开的 "第二届中国域名发展大会"上，工信部信息通信管理局副巡视员游建青透露："我国域名注册总数超过 4 千万，其中中国国家域名注册量超过了 2000 万，在世界域名市场名列前茅。"

随着互联网时代的来临，诞生了许许多多的网站。根据 CNNIC 数据显示，截至 2018 年 6 月，中国网站数量为 544 万个，半年增长率为 2.0%。

而其中有多少是大型网站呢？目前仍然没有一个权威数据机构能够准确地回答。在了解这个数据之前，我们需要先知道什么叫大型网站。网上没有相关的权威解释。笔者的理解是这样的：所谓的大型网站，指的是网站每天访问量达到一定规模（如日均 IP10 万以上）的网站。由于行业对于大型网站没有一个标准，根据笔者多年的经验，暂且把日均 10 万 IP 作为一个大型网站的临界点。超过 10 万 IP 就是大型网站；否则就不属于大型网站。例如，500wan 彩票网、网易彩票及一呼百应网站每天的日均 IP 都超过了 10 万，因此这 3 个网站都属于大型网站。根据虎勇网内部数据资料显示，全国预计有 2000 ～ 3000 家大型网站。

而这么多大型网站，其大部分流量究竟来自哪里呢？其实大型网站的大部分流量主要来自搜索引擎。而来自搜索引擎的流量主要为 SEO，也就是自然搜索。

在这样一个流量 "昂贵" 的年代，能够从搜索引擎每天免费获得 10 万 IP 以上的流量，这是一件多么令人向往的事情。尤其是创业者和企业家们更是绞劲脑汁、想尽一切办法想把搜索引擎的免费流量给引流过来。

搜索引擎的流量究竟有多贵？用过搜索引擎关键字竞价广告系统的人都知道。

不同的行业和不同的关键字价格差距非常大。例如，有的行业，每次的 IP 点击价格为 0.2 元，而有的行业，每次 IP 点击价格为 50 元。

这里我们姑且按照每个 IP 点击价格 0.5 元（暂且作为一个平均值）计算吧。如果每天有 10 万 IP，则每天的花费为 5 万元，一年的花费为 5×365=1825 万元。如果每天有 100 万 IP，则一年花费的广告费为 1.825 亿元。因此，光从节省广告费用这一核心诉求来讲，也足以引起广大互联网从业者的重视了。

但是即便这样一个非常大的有商业价值的事情，目前在移动互联网时代，特别是人工智能时代，大家似乎已经遗忘了 PC 时代非常有效且几乎免费的 SE0 推广方法。基于此，笔者决定给大家普及一下大型网站 SEO 方面的知识，让人人都能成为自己网站的首席流量官。

什么叫 SEO？百度百科的解释是这样的：SEO（Search Engine Optimization，搜索引擎优化）是一种方式，利用搜索引擎的规则，提高网站在有关搜索引擎内的自然排名。

笔者的理解是这样的：SEO 就是通过某些方法或手段，达到在搜索引擎排名靠前的目的。

什么叫大型网站的 SEO，又或者说大站 SEO？所谓大型网站 SEO，指通过某些方法或手段，达到让大型网站在搜索引排名靠前的目的。

要做好大型网站的 SEO，就得做好与用户搜索相关的内容运营、产品运营、渠道运营和活动运营。

相比市面上的 SEO 书籍，本书更侧重于 SEO 的思维和方法，因为本书讲的大部分成功案例都是笔者亲自参与的，是笔者对 SEO 思维和方法的总结，因此更能让你快速地学习并掌握。

1.1　大型网站未来的流量增长方式

谈到大型网站的流量增长方式，大家首先想到的就是广告投放和事件炒作这些付费的推广方式，很少有人会想到免费的推广方式。

而目前大型网站的流量增长方式，主要还是依赖于免费的推广方式——SEO。除非后期 SEO 流量遇到瓶颈，不得不依赖于其他推广方式。

那么未来大型网站的流量增长方式会是什么呢？

自从进入了移动互联网时代，人们慢慢习惯了 App、微信公众号及微信小程序这样的交互方式。而对于网站，除了在上班时间内，平时几乎很少光顾。当然，也有一些人习惯用手机在移动搜索引擎上搜索信息并访问手机网站。

根据 CNNIC 数据显示，截至 2012 年 6 月，手机上网人数超过了电脑，来自移动端的搜索流量超过了 PC（个人计算机）端的搜索流量。

因此，从 2012 年开始，大型网站的流量最终依赖于移动搜索引擎带来的流量，也就是移动 SEO 显得特别重要了。

什么叫移动 SEO 呢？笔者认为移动 SEO 应该从狭义和广义两个方面来定义。

狭义的移动 SEO 指的是基于网页的移动搜索引擎的优化。也就是基本上仍然在"老一辈的 PC 搜索引擎大佬"的基础上进行优化。因为这些"大佬"进军移动搜索引擎只需要做一个移动适配就好了，本身仍然是基于网页。

而广义的移动 SEO 指的是基于各种可以交互的载体（可以交互的介质）的移动搜索引擎的优化，如 App、小程序等。

大型网站未来流量的增长方式主要还是移动搜索引擎优化，也就是移动 SEO。本书重点探讨的是基于页面的移动搜索引擎的优化，也就是狭义的移动 SEO。当然后面也会提到广义的移动 SEO。

1.2　SEO——免费流量的秘密

免费的网站推广方式有哪些呢？笔者总结了以下两类供大家参考。

1.2.1　线下免费推广

常见的线下推广方式有以下几种：

1．发传单

对于同城的营销推广，发传单是一种非常传统但又非常有效的推广方式。很多房地产销售公司就喜欢用发传单这种方式做推广。我们经常会在地铁口、步行街和商场等人流量密集的地方看到发传单的人员。为什么会在这些地方看到发传单的人呢？因为发传单最核心的要点就是要选对地方。

如何选对地方？笔者认为需要考虑以下几方面：

（1）分析你的目标受众群体，他们经常会在哪里出现？

（2）他们经常出现的地方中，哪些地方人流量比较大？

（3）预计需要安排多少人发传单？

考虑到以上几点后，基本就能找到不错的地方发传单了。但是，发传单其实也是一件最容易被人反感的事，发传单的人容易受打击。说到这里，笔者不得不讲一下自己发传单的经历。

我大学刚毕业的时候，在一家网络公司工作，这个网络公司是做传奇私服这块的。传奇私服当时属于灰色行业，因为当年盛大游戏都在严厉打击这类私服游戏公司。这个公司突发奇想，想做一个教别人如何搭建传奇私服、如何运营传奇私服并赚钱的课程。我跟几个新来的员工负责地推（地面推广）。主要的地推方式就是进入本地的各大高校内发传单。

我和几个新来的员工一起"乔装打扮"进入了一所高校，然后看到学生就发传单。最后还进入了学生的寝室，一个房间一个房间、一层一层、一栋一栋地发传单。最终我们还是被学校的保安发现了。保安怀疑我们是小偷，扣下了我们，并搜了我们的包，结果发现包里除了宣传单，没有任何东西。最终因为我们都是刚出校的大学生，保安还是放了我们，并警告我们，不要再来学校发传单。

经历了这件事情之后，笔者心里受到了一定的打击，觉得发传单是件让人恐惧的事情。于是决定以后再也不做发传单的事情了。之后，笔者离开了这家公司，去了一家做 B2B 的互联网企业，开启了笔者的 SEO 之旅。

2. 扫楼

所谓扫楼，就是一栋一栋、一层一层地上门推广。扫楼的推广方式非常适合小众群体的推广，例如信用卡、400电话、团体旅游和住宿等。这种推广方式主要靠的就是"人海"战术。人越多，推广的力度和强度就越大。

比如，笔者的信用卡大部分都是在那些通过"扫楼"方式推广信用卡的人员那里办理的。作为一名职场人士，周一到周五都在上班，对于办理信用卡这样的事情，可能很少接触，也很难了解其中的好处（也许有些人知道信用卡的方便，但是由于自己主动去申请时获得的额度不高，因而就会放弃向银行申请办理信用卡）。有一天有一个通过"扫楼"过来的信用卡推销人员对我说，"你好，请问需要办理 ** 银行的信用卡吗？我有特殊通道，如果你的资质好，申请一张白金信用卡应该是没有问题的。"

一听到白金信用卡，笔者立刻来了兴趣，要是自己去银行申请，需要提供非常多的资料才能有资格申请白金卡，而且就算提供了相关资料，也不一定会批准。于是笔者跟推销人员说想办理一张。就这样，在不耽误工作的前提下，笔者花了十几分钟的时间，填了几张表格，拍了照片，不到一周的时间白金信用卡就申请下来了。有了这样的体验后，以后每次有人到公司推销信用卡，笔者都会第一时间报名、了解，并尽量去申请。

扫楼推销的好处是为客户节省了自己跑腿的时间，并且为客户开辟了一个特殊的优惠购买渠道。

扫楼推销的坏处是，推销人员会因为受不了用户的拒绝，以及保安和物业管理人员的驱赶而放弃这项工作，推销人员流失率非常高，需要企业不断地招聘新人、培训新人。这样的推广成本是非常高的。

3. 线下资源互换

线下资源互换就是用自己的资源置换别人的同等资源。这样做的方式可以节省大量的推广预算。

举例1：假如自己的公司有会议场地，与其闲置着不如与一些经常举办会议的公司进行资源互换。比如，可以置换别人的一些广告赞助商的名额，这样就可以免费在别人的会议上进行广告宣传、品牌曝光了。

举例2：假如自己的公司是做软件开发的，由于近期业务不景气，项目比较少，导致现有的开发团队一直工作处于不饱和甚至空闲状态。而你作为公司的负责人，又不能辞掉这些人，因为未来一旦有项目进来，并不能马上招聘到这样的技术人员。先不说招聘员工有多么不容易，就算你能很快就招聘到一批人，但是，招聘的新员工对你公司目前的项目开发方式需要一个适应的过程。这里面就存在极大的风险性和不确定性。究竟有哪些风险呢？笔者作为一名创业公司的负责人，以"过来人"的身份告诉你，有以下几种风险：

你招聘来的人，可能因为跟你性格不合而离职。

你招聘来的人，干了一段时间，发现外面还有更好的机会（如薪资更高、职位更高），于是辞职了。

你招聘来的人，可能因为觉得你的企业氛围不够好，工作起来感觉很压抑等原因而离职。

你招聘来的人，可能因为看不到你公司未来的发展方向而离职。

既然有这么多的风险，作为软件开发公司的负责人，你会怎么办？当然是继续"养着"他们呀，但是不能让他们闲着，得给他们安排其他的事情做。

在这个时候，资源互换就是一个非常不错的选择。例如，X公司是一家广告公司，这家公司有大量的广告资源。他们此时刚好需要做一个App，怕自己没有技术团队，老板也没有给多少预算来完成这个事情。这个时候你可以去找他们合作，用你的软件开发技术去置换对方的广告资源，让他们帮你免费打广告，对你的公司进行广告曝光和品牌宣传。而你可以用现有的技术团队，帮他们进行App开发。这样做的结果就是，你的公司名气大增，对方同时也拥有了自己的App。这是一个双赢的局面。

线下的资源互换对从业人员要求很高，具体如下：

首先，需要对所处行业的产品、营销方式有所了解。

其次，要对企业各部门的成本有所熟悉，甚至要做到非常精通，包括产品的研发成本、人工成本及营销成本。

最后，需要懂得如何谈判，既要照顾到双方的利益，又要尽量地让自己公司的利益最大化。

因此，这样的人非常难找，一般都是从销售负责人、商务负责人、公关负责人里寻找，大部分需要公司老板亲自出马解决。

1.2.2 线上免费推广

下面介绍几种常见的线上推广方式。

1. 论坛推广

所谓的论坛推广，就是去各大论坛"扮演"真实用户，从用户的角度出发去宣传自己的网站或产品。这里要注意，如果你不扮演成真实的用户，很容易被论坛封禁。

笔者分享几点之前做论坛推广的经验。

- 先要了解自身产品的用户群体，他们一般都会去哪些论坛。
- 确定好论坛之后，前期先在论坛注册 3 个以上的用户账号，并尽快地熟悉论坛和板块的规则。
- 扮演真实用户，为论坛贡献一些高质量的内容。
- 跟论坛其他用户多打招呼，多交流，多分享。
- 当在论坛的等级稍高一点的时候，可以再考虑植入一些软文。

看到这里，很多人会问，有必要这么做吗？其实，如果你不这么做，你会发现，你注册多少个用户账号，就会被封多少个。因为你对论坛没有贡献，没有价值，论坛凭什么让你在这里发广告呢？要利己，先要利他。就算是发广告，也要"软性"一点，并适可而止，这样，你的论坛推广才能持久，才能越来越有效。

2. QQ 群推广

所谓的 QQ 群推广，就是去相关的 QQ 群里，一对多或一对一地推广自己的网站或产品。

3. 微信群推广

微信群推广，就是去相关的微信群里，一对多或一对一地推广自己的公众号或产品。

4. 朋友圈推广

朋友圈推广，就是在自己的微信朋友圈里，模拟一个真实用户的日常发文，有技巧和策略地曝光自己的公众号或产品。

5. 新媒体推广

新媒体推广，指的是利用新媒体平台进行推广的方式。新媒体的推广渠道一般有微博、微信、SNS、博客、播客、BBS、百科、音频分享平台、网络直播和短视频平台等。当然，我们目前所指的新媒体推广，主要还是以移动互联网为主体的平台，例如微信、微博、网络直播、短视频和音频分享平台等。

6. SEO

SEO 推广是本书的重点，这里就不必多解释了。

7. 微博推广

其实微博推广算是新媒体推广里面的一个细分领域，主要是利用微博进行推广。由于微博推广这个概念比新媒体的概念诞生得更早，因此，这里还是单独拿出来介绍。

微博推广是一种在 PC 时代非常有效的推广方式之一。只是适合在这个平台推广的行业有限，因此没有成为主流的推广方式。特别是对于从事微博推广的人员来说，需要一定的专业功底，甚至需要一定的"天赋"。

微博推广又分为付费推广和免费推广。这里主要讲免费推广。我们都知道，微博推广中做得非常不错的算是杜蕾斯官方微博了。基本上每出现一个热点，其都能很好地结合自身的产品，产生一些创意口号和海报，如图 1-1 所示。

这条微博的内容为："# 妇女节 # 做对事，爱对人。"意思是发起一个妇女节的话题，口号为"做对事，爱对人。"笔者对图片的内容大致理解如下：

图 1-1 杜蕾斯 3 月 8 日官方微博内容

图片最上面是一个 right 的印章。中间的第一行英文为 FOR THE right WOMAN，第二行英文为 FOR THE WOMAN'S right。第一行与第二行的单词数量几乎一样，第二行中只是多了一个"'s"，上下文非常工整与对称。并且，right 这个单词是通过印章印出来的，非常具有深远的蕴意。从笔者非专业的角度理解，可能是告诉广大的男同胞，对爱人，我们不要说太多，只需随时记得回答 right 就好；要像印章一样把 right 刻在心里，以便随时可以拿出来盖印。这样的设计非常迎合女性的心理，她们必然会转发给男性同胞看，这样就会产生裂变的效果。

从以上分析可以看出，杜蕾斯官方微博的文案策划功底、美工设计功底、营销创意功底非常不一般，也不是人人都可以模仿的。

那么对于没有任何营销基础、文案功底和设计功底的人，如何做微博推广呢？

从笔者自己做微博推广的经验来看，微博可以作为一个活动推广的场所。它有以下几种活动推广方式：

（1）转发微博，送奖品

比如，如果你是网上开书店的，那么可以拿出一些书做活动。转发微博活动链接有机会获得 XX 图书一本。再比如，你是线下开超市的，想在微博上做活动，那么活动奖品的选择范围就比较广了，你可以拿出很多价格不高但又是生活中必须用到的东西作为奖品，然后规定用户通过微博转发你的活动海报即可有机会参与抽奖。关于活动运营，还会在后面的章节单独详细介绍。

（2）评论微博并转发到微博朋友圈，集赞送奖品

这个活动稍微复杂了些，但是如果奖品吸引人，用户还是愿意参与的，并且效果比单独转发微博的效果好 10 倍以上。具体用什么奖品呢？笔者建议奖品价值最好不低于 1000 元人民币，否则估计用户不会有动力发动朋友圈，让朋友来点赞的。

8．博客推广

在传统的 PC 时代，博客推广的价值还是非常大的。主要是利用第三方内容发布平台，免费发布自己的推广内容。比如我们熟悉的新浪博客、网易博客、搜狐博客和博客中国等，都属于第三方内容发布平台。

博客推广其实最大的价值在于容易被搜索引擎收录，在搜索引擎的首页，可以占据一定的位置，达到首页"霸屏"的目的。

另外，还可以利用博客推广增加产品在网站的曝光率和增加外链。

9．百科推广

百科推广，就是通过创建百科词条来达到推广的目的。常见的百科有百度百科（baike.baidu.com，如图 1-2 所示）、互动百科（baike.com）、360 百科（baike.so.com）、搜狗百科（baike.sogou.com）等。这些百科推广都非常有用，流量最大的就是百度百科。建议 4 个百科的推广都要做，至少互动百科的推广一定要做。因为互动百科是一个专门做百科的公司，其网站域名就是百科的汉语拼音 baike，非常容易记忆，网站定位相对比较垂直，门槛也比百度百科低一些。

（1）百度知道、知乎问答推广

百度知道（zhidao.baidu.com）由于是百度自身的产品，在百度的搜索引擎中当然是有优先排序的加权分。如果想重点做口碑、品牌、公关，或者想做具体的成交转化，那么做百度知道的推广，效果还是不错的。但是仅从流量的角度来看，从百度知道并不能带来多少流量。

图 1-2　百度百科首页截图

知乎问答（zhihu.com）是一个定位知识分享及探索未知（如图 1-3 所示）的平台。相对于其他问答平台，知乎平台对问题回复的内容质量要求比较高，也比较专业，因此知乎平台上聚集了大量的互联网精英人士。如果你想在某个专业领域打造行业影响力，知乎平台是一个不错的选择。

例如，《运营之光》的作者黄有璨在知乎上积累了几万名"粉丝"，这为他后面做公众号打下了扎实的基础。

如果你的网站定位跟知乎平台相差太大，建议还是选择其他阵地。

图 1-3　知乎首页

（2）网址导航免费收录

PC时代，网址导航曾经一度成为网民上网的入口。最有名的是hao123（hao123.com）网站。这个网站是1999年由李兴平创办，后来被百度收购，目前仍然是国内流量第一的网址导航网站。除此之外，还有其他网址导航网站，流量也非常大。例如，360安全网址导航网站（hao.360.cn），主要通过360浏览器强制绑定为默认首页，获得了不少流量，以及搜狗网址导航（123.sogou.com）和毒霸网址大全（www.duba.com），这些网址导航网站建议大家都去申请免费收录，当然有些是需要收费的。

如果是大型网站的免费推广方式，真正有效的有以下几种方式：

SEO：一种被动式免费营销方式，这是本书重点要介绍的，这里先不过多地阐述。

（3）线上与线上或者线上与线下资源互换

前面讲地推的时候，提到过线下资源互换。主要是线下跟线下的资源互换。这里要提的是两种资源互换方式。

首先是线上与线上资源互换。这种方式从互联网诞生的那一刻起便有了，而且变得越来越重要，越来越专业化。

因为线上的资源基本都属于虚拟资源，几乎可以无限地重复使用。如果利用得好，则可以做到"四两拨千斤"的效果。

其次是线上与线下资源互换。主要体现在线下用实物的方式赞助线上的某个活动，或者用某个实物来置换线上的广告、活动等。这样的交换方式比较有限，但好处还是非常的多。

- 对于线上这一方，节省了大量购买实物的费用。
- 对于线下这一方，则让闲置的实物得到了充分的利用，并且用很小的一部分实物就可以换来大量的品牌展示和曝光率，节省了大量的营销推广费用。

例如，滴滴打车的积分商城（如图1-4所示），你可以通过提供实物奖品的方式，在滴滴打车积分商城平台获得大量的曝光，并获得从平台带来的注册用户，最终转变成自己的付费用户。

图 1-4　滴滴打车的积分商城

（4）新媒体推广

很多大型网站公司基本都会招聘 SEO、新媒体推广、商务 BD（即商务拓展）这 3 种职位。原因就在于这 3 种职位所用的免费推广方式是非常有效的推广方式。

1.3　SEO 的诞生

SEO 究竟是什么时候诞生的呢？笔者在网上查阅了很多资料，没有找到权威答案。百度百科中是这样解释的：搜索引擎优化（SEO）不是突然出现的一个技术，而是和搜索引擎同步发展起来的，两者的关系虽然不能说是"矛和盾"的关系，但可以肯定的是，因为有 SEO 才使得搜索引擎技术能够变得更完善。

笔者个人是这样理解的：SEO 的出现主要缘于雅虎这样的搜索引擎的出现，因为它支持搜索结果按某一种规则排序。

如果大家想了解详细的资料，可以自行去网上搜索。

1.4　搜索引擎的发展史

搜索引擎究竟是什么时候诞生的？它又是如何发展的？未来的搜索引擎会是怎样的一种方式？带着以上疑问，下面为大家一一揭晓。

1.4.1　第一代搜索引擎的诞生

什么时候开始出现搜索引擎的呢？据相关数据记载，1990 年就诞生了搜索引擎，它的名字叫 Archie。

Archie 是由加拿大蒙特利尔麦吉尔大学的三个学生发明的。Alan Emtage 等人想开发一个可以用文件名查找文件的系统，于是便有了 Archie。Archie 是第一个能自动索引互联网上匿名 FTP 网站文件的程序，但它还不是真正的搜索引擎。在当时，互联网（万维网）还没有诞生。

按照百度百科的解释，Archie 属于搜索引擎的第一代，我们也把它称为分类目录时代。

1994 年成立的雅虎也属于搜索引擎的第一代。大家都知道，最早的雅虎是一个类似于分类目录的网站（如图 1-5 所示）。2009 年笔者做 SEO 推广时还曾经提交过自己的网站到雅虎目录，目的是为了便于蜘蛛抓取并获得好的收录。

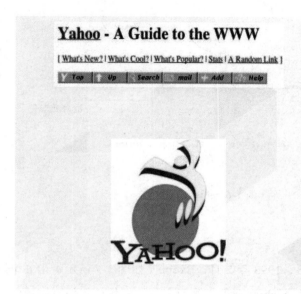

图 1-5   1994 年的雅虎首页

1.4.2   第二代搜索引擎的诞生

搜索引擎的第二代是文本检索的时代。搜索引擎查询信息的方法是把用户所输入的查询信息提交给服务器，服务器通过查阅，返回给用户一些相关程度高的信息。1995 年 12 月创立的 Alta Vista 和 Excite 属于搜索引擎的第二代。

1. altavista 介绍

altavista（如图 1-6 所示）是全球最知名的搜索引擎公司之一，同时提供搜索引擎后台技术支持等相关产品。altavista 是一个以网页全文检索为主，同时提供分类目录的搜索引擎，内容极其丰富，真正可以称为海量信息检索。altavista 于1995 年由迪吉多公司（Digital Equipment Corporation）创立，2003 年被 Overture以 1.4 亿美元现金加股票的形式购得，同年转手给雅虎。北京时间 2013 年 6 月 29日，雅虎宣布将于 2013 年 7 月 8 日关闭搜索引擎 altavista 服务。（以上资料来自百度百科）

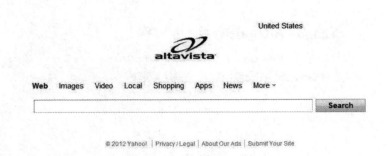

图 1-6　altavista 首页

2. Excite 介绍

根据百度百科的资料，1993 年 2 月，Excite（如图 1-7 所示）由 6 个斯坦福大学的学生创建，Excite 从 Archixt 项目衍生而来，他们想使用静态统计的方法来分析词之间的关系，以使搜索引擎更具效率。

Excite 搜索引擎是 Architext 公司的产品，其数据库界面非常友好，用户可以利用关键词、词组和自然语言进行检索。由于它已经开发出了包括中国在内的多种全球区域版本，为特定地区提供高效率的服务，因此它也是使用最为广泛的搜索引擎之一。

图 1-7　Excite 标志

1.4.3　第三代搜索引擎的诞生

搜索引擎的第三代是链接 Web 的时代。典型代表就是 1998 年成立的 Google

公司。第三代搜索引擎的典型特征是：智慧整合第二代返回的信息为立体界面，让用户能轻易地进入最相关的分类区域去获取信息。另外，2000 年成立的百度、2004 年成立的搜狗、2007 年成立的有道搜索、2012 年成立的 360 搜索，都属于搜索引擎的第三代。SEO 也是从第三代开始进入大规模的普及时代。笔者的 SEO 知识框架体系也是在这个时期建立的。本书也是围绕搜索引擎的第三代展开介绍。第三代搜索引擎按照成立时间排序如表 1-1 所示。

表 1-1　第三代搜索引擎的诞生（链接 Web）按时间排序

搜索引擎 Logo	搜 索 引 擎	成 立 时 间
Google	谷歌	1998 年
Bai百度	百度	2000 年
⑤搜狗搜索	搜狗	2004 年
有道youdao	有道	2007 年
○.360搜索	360 搜索	2012 年

1.4.4　第四代搜索引擎的诞生

搜索引擎的第四代是以用户为中心的大数据时代。典型代表就是移动搜索引擎个性化的搜索排名结果及智能化推荐。例如，我们目前使用的百度移动搜索（如图 1-8 所示）、今日头条的"猜您喜欢"或推荐（如图 1-9 所示）等。

图 1-8　百度移动搜索首页

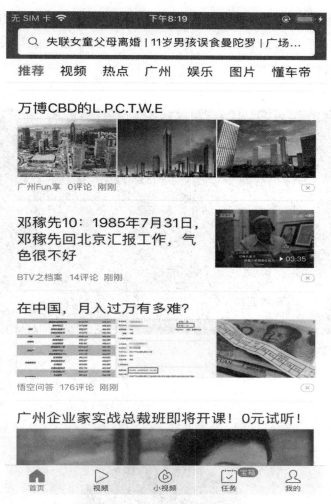

图 1-9 今日头条的推荐首页

1.4.5 第五代搜索引擎

搜索引擎的第五代, 个人认为将是一个万物互联的人工智能时代, 那时搜索的信息将包括世界上的万事万物。例如, 你可以搜索定位某台家电、植物、山脉或者动物, 然后可以通过定位找到它, 还能跟它互动。还有在 VR (虚拟现实) 的世界里，你可以搜索你想要的东西。你可以通过语音与机器人互动来搜索世界。目前我们知道的天猫精灵（如图 1-10 所示）、京东的叮咚（如图 1-11 所示）等智能音箱都在往这个方向发展。

图 1-10　智能音箱：天猫精灵

图 1-11　智能音箱：叮咚

1.5 SEO 在中国的发展

SEO 到底是什么时候开始在中国流行的呢？谁又是中国 SEO 的"鼻祖"？带着以上疑问，让笔者为大家一一解答。

1.5.1 中国 SEO 的鼻祖

我们都知道马云是阿里巴巴的董事长。可是你知道吗，阿里巴巴几乎是国内最早开始做 SEO 的企业之一。马云第一次去美国时，在雅虎上搜索"啤酒"，发现并没有中国的企业网站，由此他发现了一个巨大的商机，那就是帮助中国企业在雅虎搜索引擎上面做 SEO，让老外在雅虎上搜索关键字时能找到中国企业的网站，于是就有了阿里巴巴。可以说马云是中国 SEO 的鼻祖，是中国外贸 SEO 第一人，这样的封号给他一点也不为过。

1.5.2 SEO 在中国的流行

SEO 到底是什么时候开始在中国流行的呢？对于这个问题，笔者特意咨询了赢时代创办人曾荣群先生，他告诉我，赢时代是最早开始在中国普及 SEO 理念的机构之一。赢时代（timev.com）是厦门大浩维网络科技有限公司运营的网络营销平台，主体业务是在全国各地巡回组织和召开网络营销及电子商务专业会议。

赢时代自 2004 年就已经开始举办搜索引擎营销大会了。可以说，赢时代对推动中国 SEO 行业的发展做出了非常大的贡献。笔者在北京的时候经常参加赢时代组织的搜索引擎营销大会。每次参加会议，笔者都能收获不少最新的 SEO 知识，认识不少 SEO 界的"大牛"。

SEO 真正开始"火爆"起来的时间，应该是 2007 年左右。笔者也是在那个时候开始接触 SEO，知道了 SEO 这个概念，并最终踏上了 SEO 的职业道路。

当时网上有很多人在推广 SEO 知识。例如，王通老师通过"王通的博客"推广 SEO 知识。笔者当时也从他的博客里学到了一些 SEO 的基本知识。而当时影响力比较大、最有名的就算是"点石论坛"了。 点石论坛由点石互动创办。点石互动组成成员有 Robin、小鹏、石头和 Zac。这 4 个人的详细介绍，这里就不一一展开了，大家可以自行去网上搜索了解。他们 4 个人最终成为了 SEO 界家喻户晓的人物。其中，前 3 个人都走向了职业经理人的道路，Zac 则一直在创业。本书会在后面的章节中讲到 Zac 和石头这两个 SEO 界的"牛人"。

另外，至今仍然在推动中国 SEO 行业发展的是"中国 SEO 排行榜大会"。截止 2019 年 3 月，已经举办了 8 届。还有"MADCon 大会"也一直在推动中国 SEO 行业的发展。

笔者也经常参加"中国 SEO 排行榜大会"，在中国 SEO 排行榜大会上也认识了不少"大牛"，收获非常多。

1.6 增长黑客、大数据与 SEO 的关系

1.6.1 增长黑客与 SEO

1. 增长黑客介绍

什么叫增长黑客？增长黑客由 Growth Hacker 翻译而来。增长黑客指那些能够帮助企业或团队成长的"黑客"。这个成长可以是用户、流量、营收，而帮助的手段是通过信息技术进行持续的数据营销。增长黑客是技术和营销的"混血儿"，他们不仅要懂技术、会编程，而且要对数据和用户体验敏感，还要有创造性和好奇心。增长黑客早已经不是一个单打独斗的独行侠形象，而是转变为有体系，有模型，强调试验，追求结果，以团队的形式来推动增长的营销人（参考资料：http://www.sohu.com/a/200535339_503302）。

Sean Ellis 被称为"增长黑客之父"，他在 2010 年首先提出了 Growth Hacker 这个概念。他是硅谷知名企业 Qualaroo 的创始人，还曾在 Dropbox、Uproar（IPO）担任增长负责人，带领这些企业在短短几年内成长为营业收入超过 10 亿美元的

互联网独角兽企业。他用了一年时间将 Dropbox 用户的基数和使用频率提高了 500%，被业界奉为神话。现在作为增长黑客社区 GrowthHackers.com 创始人的他，通过组织增长黑客大会，让所有的增长"新苗"们有机会向最顶尖的增长"大牛"们取经。（参考资料：http://www.sohu.com/a/200535339_503302）

2. SEO 与增长黑客的关系

SEO 与增长黑客有什么关系呢？增长黑客里用到了哪些技术呢？

增长黑客技术有自己的一套方法，比如优化 landing page（着陆页）、A/B 测试、E-mail 送达率、SEO、content management、大平台整合等。

这里提到的 SEO 也就是搜索引擎优化技术，也属于增长黑客技术的一种。

为什么 SEO 会成为增长黑客技术的一种呢？或者说为什么 SEOer 会成为增长部门的一员呢？

我们先来分析一下增长黑客技术。增长黑客技术采用的是 AARRR 用户增长漏斗模型（如图 1-12 所示）。AARRR 是 Acquisition、Activation、Retention、Revenue 和 Refer 这个 5 个单词的缩写，下面分别介绍。

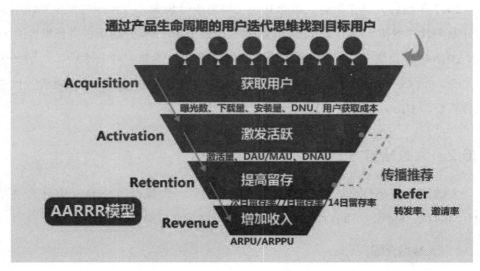

图 1-12　AARRR 模型

- Acquisition：中文意思为"获取用户"，也就是我们常说的"拉新""获客"，属于市场或者推广部门的考核目标之一。后面我们会提到，SEO部门有时候也承担着"拉新"的职责。
- Activation：中文意思为"激发活跃"，也就是我们常说的"促活"，属于运营部门的考核目标之一。
- Retention：中文意思为"提高留存"，也就是我们常说的留存，属于运营部门的考核目标之一。
- Revenue：中文意思为"增加收入"，也就是我们常说的变现，属于商业变现部门的考核目标之一。
- Refer：中文意思为"传播推荐"，也就是我们常说的自传播、裂变、分享，属于运营和产品部门的考核目标之一。

从AARRR用户增长漏斗模型可以看出，SEO实际上属于增长漏斗的最顶部，也是最重要、最大的那个部分。SEO在增长黑客技术里面承载着获取用户并且是免费获取用户的重要职责。一些公司的增长团队里面，SEO人员几乎都是必备的成员。

2017年前后，增长黑客的概念开始在国内流行起来，并且一些大型互联网公司开始招聘"增长"部门负责人。笔者本人也是从2017年开始接触增长黑客的。

2016年，我国开始出现类似于国外的增长黑客大会的"增长大会"。增长大会（Growth Conference）是国内首个以数据驱动增长为主题的大会，由新一代数据分析公司GrowingIO于2016年创办。

1.6.2　大数据与SEO

大数据到底是什么时候开始在中国流行的呢？大数据与SEO又有什么关系呢？带着以上疑问，下面为大家一一解答。

1. 大数据介绍

什么是大数据？百度百科中的定义是这样的：大数据（big data），指无法在一定时间范围内用常规软件工具进行捕捉、管理和处理的数据集合，是需要新处理模式才能具有更强的决策力、洞察发现力和流程优化能力的海量、高增长率和多样化的信息资产。

这个解释似乎有点"烧脑"，下面给出通俗点的定义。

大数据（big data），指由海量数据组合而成的具有关联性的信息资产。

笔者在 2012 年的时候就接触到了大数据。当时笔者正在北京的网易总部上班。在北京的五道口附近，经常有关于大数据的分享沙龙，笔者基本上都会参加。

而网易内部在 2012 年就已经开始组建大数据团队了。当时的网易大数据团队叫数据挖掘组，属于 DB（数据库）这个团队。网易门户首页的"猜您喜欢"用到的大数据挖掘技术，就是由这个团队完成的。

之后，越来越多的大公司开始用"猜您喜欢"这种大数据应用。例如百度首页信息流推荐，今日头条原来的"猜您喜欢"、现在的"推荐栏目"等，用到的都是大数据技术。

2. 大数据与 SEO 的关系

大数据与 SEO 有什么关系呢？我相信很多人都会有这样的疑问。笔者在网易工作时，网易公司内部有一套 BI（商业智能）系统，笔者当时为了统计来自搜索引擎基于关键字到销量的完整数据，提出了这个统计需求，而这个需求最终落实到了 DB 团队来完成。当然，前提是得有数据。数据的提取和入库是由开发和运维团队负责。

BI 系统能够非常灵活地把相关的数据进行关联，并呈现出一系列可视化的图形和报表。网易的 DB 人员就是在 BI 系统里完成了笔者的这个需求。

当笔者登录 BI 系统时，就能看到从搜索引擎到最终购买的整个流程和数据。这里也运用到了漏斗模型，不同的是，这个漏斗叫 SEO 漏斗。

看到这里大家又有疑问了，这与 SEO 又有什么关系呢？其实所谓的大数据，无非就是一个超大型的数据库而已。它的存储方式就是数据库，不会脱离数据库而存在。因此，我们如果能将 SEO 的这些数据与网站搜集到的其他用户数据进行关联，就能挖掘出商业价值。

　　将 SEO 与大数据进行关联，在这方面做得比较好的就是百度。例如我们有时用百度搜索一些关键字，发现自己搜索的结果页面与其他用户搜索的结果页面有所不同，这就是基于 SEO 技术与大数据技术的结合。

　　再举一个例子。有时我们经常用搜索引擎搜索一些商品的名字，然后在其他网站上看到百度联盟的广告或淘宝联盟的广告里也会出现我们曾搜索过的商品名称或者商品图片（如图 1-13 所示），这里用到的其实也是 SEO 与大数据技术。

图 1-13　在网易首页出现了"大数据"相关的广告

第 2 章
营销世界里 SEO 的重要性

在营销的世界里，SEO 到底有多重要，你们知道吗？为了回答这个问题，我们先来了解一下营销的分类。

我们可以把营销分为主动营销和被动营销两大类，就如同我们把 SEO 分为站内 SEO 和站外 SEO 一样。

什么叫主动营销？就是主动推送内容给目标客户的营销方式，我们把它叫做主动营销。例如近几年流行的微信营销、新媒体营销、短视频营销和直播营销，都属于主动营销。

什么叫被动营销？就是被动推送内容给目标客户的营销方式，我们把它叫做被动营销。被动营销或者被动式营销这个概念属于笔者的首创。例如，SEM 和 SEO 都属于被动营销，因为用户如果不主动搜索是不会触发广告的。

那么究竟被动营销在整个营销里面占了多少比例呢？这个问题没有人能给出一个确切的答案。但是我们从谷歌和百度的股票市值及互联网公司的排名来看，被动营销还是非常重要的。因为这两家公司的主要营业收入都是来源于搜索引擎广告。如图 2-1 就是百度股票截止 2018 年 3 月的走势图，可见仍然呈上升态势。

知道了搜索引擎营销的重要性，让我们来看看 SEM 和 SEO 哪个更重要？这个毫无疑问，当然是 SEO。因为根据相关数据显示，SEO 的流量占了整个搜索流量的 80%，而 SEM 只占 20%。也就是说，SEM 做得再好，其流量也只有 SEO 的四分之一。另外还有重要的一点，那就是 SEO 是免费的，SEM 是付费的。SEO 做得好，不仅可以带来大量的流量，还能节省大量的推广成本，少则几十万，多则上亿，你说这么好的事情，怎么可能不重要呢？

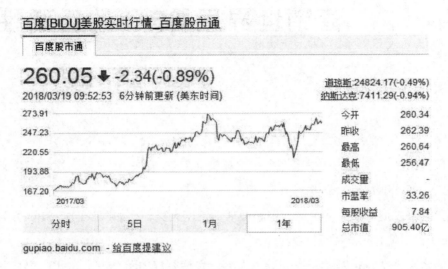

图 2-1　百度股票截止 2018 年 3 月的走势图

　　笔者认为"占位"将是以后被动式营销的基本理论体系。从目前来看，占着位置好像没什么用。可是从发展的眼光来看，当你占的这个词或者这类词变为热点词的时候，别人连追赶你的机会都没有了。不是么？这叫 SEO 战略。（资料来源：http://www.huyong.org.cn/seozhongyao.html）

2.1　SEO 能力是每个互联网从业者的底层能力

　　笔者从 2007 年就开始研究 SEO，并通过 SEO 获得了第一桶金。

　　事情是这样的，当时我参加了一个培训班，考完试后，发现资料放在家里也没有什么用，如果直接卖给收废品的，也卖不了多少钱。当时我已经接触到了 SEO，并且在网上自学了不少的相关知识。于是，为了测试一下自己对 SEO 掌握得如何，我决定在自己的新浪博客里售卖自己的培训资料，于是就开始写软文。

具体的软文内容现在已经记不清楚了，但是当时打开博客看到自己写的软文时，不禁佩服自己写软文的水平。可能当时也不知道什么叫软文，只是发自内心的、实事求是地写而已。全文其实不到 500 字的内容。

没想到软文放到网上不到 1 个月的时间，就有学生电话联系我，要买我的资料，并跟我约好了见面的地方。

我把所有资料都打包好，按时到达了我们约定的见面地点。由于这是我第一次在网上卖东西，也是第一次开始实践 O2O，心里未免有些紧张和激动。

那个学生准时到达了约定的地点，他问了我很多关于资料的问题，并且现场检查了所有的资料。我一一解答了他的问题，最终我们一手交钱，一手交货，就这样我赚到了人生中的第一桶金。在回去的路上我问他是怎么知道我卖考试资料的？他说是通过搜索"江西 XXX 考试资料"找到我的。后来通过我对 SEO 深入分析后，发现是我的标题中包含了关键字，并且内容中多次出现了这个关键字。而且还是原创内容。加上当时的新浪博客权重还算高，容易被收录，所以发表的这篇博客在搜索中排名比较靠前。当时搜索"江西 XXX 考试资料"，连续 3 年（2007年至 2010 年）都是在百度搜索中排名第一。

那位买我资料的学生后来通过了考试，并且我们还互相加了 QQ。我不仅赚到了钱，还帮助了别人，这就是 SEO 的魅力。

我曾经在两家上市公司（500.com 和网易）分别担任过 SEO 经理、SEO 专家等职务。2013 年成为爱站网的特聘讲师。另外在其他企业担任过高管、合伙人。我有超过 12 年的 SEO 从业经验，并且有从 0 到 100 万的流量提升经验和团队管理经验。如果问我做过这么多的工作，最喜欢哪一个？我的答案是，做一个 SEO 人，做 SEO。为什么呢？

因为我觉得 SEO 能力是互联网从业者的一个底层能力，拥有这项能力，能让你在互联网的世界中有一种自信和踏实感。

为什么 SEO 能力是互联网从业者的底层能力呢？因为 SEO 是指搜索引擎优化，SEO 能力就是指搜索引擎优化的能力。搜索引擎无处不在，有我们熟知的搜索引擎，如百度、360、谷歌、App Store；还有我们不一定熟知的搜索引擎如微信、微博、今日头条。其实你可能不知道，很多网站和 App 的站内搜索，其实也算是一个小搜索引擎。如何让用户通过关键字能找到你的产品或服务？这的确是一种互联网从业者的底层能力。如果连这个能力都不具备，你的网站或者你的产品就很难被人知晓，很难获得更多的曝光和关注。

2.2　案例：宝宝树的成功上市

根据百度百科的资料，宝宝树 2007 年上线，是专注于年轻家庭的在线母婴类社区，为新手爸爸和妈妈提供资源共享交流。宝宝树在母婴在线平台有 11 年的发展历程。目前，宝宝树旗下包括旗舰平台"宝宝树孕育"、社交记录媒介和早教内容及工具在线平台"小时光"，以及母婴产品类电商平台"美囤妈妈"。2017 年，宝宝树平台上的平均 MAU（月活跃人群数）达 1.39 亿。

2018 年 11 月 27 日，母婴社区平台宝宝树成功在中国香港联合交易所上市。

对于母婴类社区，营销的方式可以有很多种。母婴类的产品是一个刚性需求的产品，而且周期很长。这里主要分析对方的 SEO 做得如何。下面来看一组数据，这组数据来源于爱站，如表 2-1 所示。

表 2-1　2011 年 7 月至 2018 年 7 月宝宝树来自百度的历史数据

时　　间	百度最高来路（IP）	对　比　增　长
2011 年 7 月	440,618	——
2012 年 7 月	479,046	8.72%
2013 年 7 月	818,664	70.89%
2014 年 7 月	1,160,639	41.77%
2015 年 7 月	1,023,074	−11.85%
2016 年 7 月	820,975	−19.75%
2017 年 7 月	120,182	−85.36%
2018 年 7 月	116,156	−3.35%

从表 2-1 中可以看出，从 2011 年爱站有数据统计开始，来自百度的流量就已经有 44 万多了。这个流量还不包括其他搜索引擎所带来的流量。到 2014 年 7 月突破 100 万流量，达到每天 116 万 IP。这还不算是全年最高的，仅仅是表格统计里最高的。如果按照百度的市场份额计算，来自搜索引擎的流量将近 160 万以上。这几乎可以算是巨无霸级别的流量地位了。虽然从 2017 年开始流量有所下降，但是仅 2017 年之前来自搜索引擎所带来的用户积累的流量也是非常庞大的。所以，从 2017 至今，即便流量不如以前，所带来的影响也不大，并没有影响到其在 2018 年 11 月 27 日的上市。

宝宝树的成功上市，SEO 功不可没。

2.3　案例：土巴兔的行业独角兽地位

土巴兔（www.to8to.com），2008 年 7 月诞生于中国深圳，是国内知名互联网家装平台，以"让居住更美好"为企业使命。土巴兔主要经营两条业务线，分别为线上平台和家装承包业务。在线上平台业务中，土巴兔向用户提供了一站式家装解决方案，包括信息发现及与服务供应商智能匹配、项目执行及质检，以及客户意见反馈和其他增值服务。同时，土巴兔向服务供应商提供订单推荐、会员服务、装修存管服务、贷款推介服务、保险推广及供应链管理解决方案。在家装承包业务中，土巴兔为业主提供施工承包服务及主材。

这里主要分析线上这块业务。在线上平台这块业务中，对于新增用户，网站的流量基本靠搜索引擎引流过来。为什么？因为装修这个需求，人们只有在交房或者需要装修的时候才会想起来。并且我们一辈子可能就有一两次装修房子的机会，你如何去捕捉这样一个需求场景呢？也就是说，装修是一个低频的需求，应该说是最低频的需求之一了。如果你前期靠主动式的广告宣传"轰炸"，那么要等到用户装修的那一刻，要投放多少年的广告呢？恐怕到时很难把广告费赚回来。这样做显然不够精准，也不明智。

因此，对于装修类的行业，搜索引擎营销是必然的选择。一定是等着用户主动来找你，你才有机会精准地营销和提供服务。

而在搜索引擎营销中，SEO 的流量是 SEM 的 4 倍，SEO 必然是营销中的重中之重。如果土巴兔的老板或者营销负责人没有意识到这一点，那么我只能说土巴兔在营销上是失败的。好在，他们在 SEO 这方面做得还不错。

这里给大家列举几组数据，如表 2-2 所示，数据来源于爱站网。

表 2-2　2011 年 7 月至 2018 年 7 月土巴兔来自百度的历史数据

时　间	百度最高来路（IP）	对比增长
2011 年 7 月	23,486	—
2012 年 7 月	74,903	218.93%
2013 年 7 月	80,756	7.81%
2014 年 7 月	360,300	346.16%
2015 年 7 月	517,718	43.69%
2016 年 7 月	705,101	36.19%
2017 年 7 月	783,781	11.16%
2018 年 7 月	183,462	−76.59%

从表 2-2 中的数据可以看出，土巴兔从 2012 年开始流量突飞猛进。2012 年比 2011 年增长了 300% 以上。而在 2014 年迎来了流量的爆发，比 2013 年增长了 400% 以上。到 2017 年 7 月达到了流量的顶峰（这里指的是表格里面的数字最高），每天的 IP 流量达 78 万之多。当然 2017 年 7 月的流量可能并不是其历史上最高的。相当于来自于搜索引擎有 100 多万的流量（根据百度的市场份额推算出），这样的流量是非常惊人的。因此，从搜索引擎可以获取大量有需求的用户，可以节省大量的广告费用。

应该说，2017 年，土巴兔在家装业的 SEO 方面已经成为了巨无霸，非常值得大家学习和借鉴。

第 3 章
蜘蛛心：了解搜索引擎的本质

我们都知道，人有一颗心。可是你知道吗？其实搜索引擎（蜘蛛机器人）也是有一颗"蜘蛛心"的。它在想什么？它的底层是怎么运作的？为什么它会这样排名？带着以上疑问，下面为大家一一解答。

3.1 SEO 的价值

SEO 究竟有什么价值呢？我们从 SEO 的目的、为什么需要 SEO、SEO 有什么价值等方面为大家一一阐述。我们先了解一下 SEO 的目的是什么。

3.1.1 SEO 的目的

SEO 的目的有以下几个方面：
- 提高网站在搜索引擎中的排名；
- 提升网站的曝光度、品牌知名度和访问量；
- 提升网站的注册用户数；
- 提升网站的付费用户数；
- 提升网站的销售额或者销量。

综上所述，我们认为，SEO 的目的是为了提高网站在搜索引擎中的排名，从而增加网站的曝光度和访问量，同时提升网站的品牌知名度，进而增加销售机会。

也就是说，在整个营销漏斗里，SEO 是重要的"1"，有了这个"1"，后面那些无数多的"0"才会有意义。

3.1.2 为什么需要 SEO

为什么需要 SEO？主要有以下几个原因：

1. 搜索引擎是网民获取信息的主要工具

根据 CNNIC 统计，大约有 70% 的网民不会记忆网址去登录网站，而是通过查询搜索引擎关键词访问检索到的网站。这里举一个例子，大家能记住新浪的网址吗？笔者是记不住的。但我是如何访问新浪的呢？我是通过百度搜索中文"新浪"，然后选择排名第一的新浪官网进入的。

关于域名的重要性，在后面的章节中会重点讲解。

2. 搜索引擎是高效的网络推广渠道

搜索引擎会为产品网站带来最有明确需求的客户。通过网站联盟的数据来看，SEO 带来流量的转换率高达 30% 以上。比如笔者在网易工作时，通过 SEO 带来的流量转化率高达 60% 以上。为什么转化率会这么高？是因为用户搜索到的东西就是他迫切想要的东西，自然转化率就高。例如，我想在网上买一个无线网卡，我会搜索"无线网卡"关键字，最终会找到我想要的无线网卡，然后成交。

3. 网民更信赖自然检索的结果

搜索引擎在检索页面，都会提供专门的关键字广告区域。但在搜索引擎上侧与右侧的关键字广告点击率，远低于左侧自然检索排名的网站。据谷歌与百度的相关数据显示，自然检索的点击率占整个搜索点击的 80%，而广告的点击率只占 20%。也就是说，无论你把 SEM（竞价排名）做得多好，顶多为 SEO（自然检索排名）的四分之一。可见 SEO 是多么重要。而为什么网民点击自然排名比点击广告的多呢？因为搜索引擎诞生这么多年了，网民已经习惯并且知道哪些区域是广告，一般会跳过广告，直接点击自然检索排名区域的内容。这说明网民更信赖自然检索的结果。

4．网民一般只查阅在搜索结果中排名靠前的结果

谷歌和百度等搜索引擎公布了用户搜索点击热力图数据，如图 3-1 所示。两家的用户点击行为竟然惊人的一致。谷歌提供的数据是这样的：

- 第一名点击率为 50%；
- 第二名点击率为 30%；
- 第三名点击率为 10%；
- 第四名点击率为 5%；
- 第五名与其他排名点击率之和为 5%。

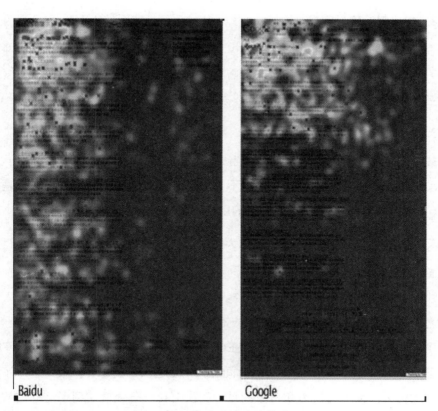

图 3-1　百度和谷歌点击热力图

这说明多数网民在检索时，只点击搜索首页的前几位网站。搜索结果三页以后的内容，几乎无人问津。这里就不举例说明了，大家都用过搜索引擎，应该也了解这种情况吧。

3.1.3　SEO 有什么价值

知道了 SEO 的目的、为什么需要 SEO，接下来揭晓 SEO 的核心价值有哪些。

1. 提升网站的搜索排名

SEO 通过研究搜索引擎的抓取和检索规律，让产品网站适应这些规律，并取得好的搜索排名。

2. 优化网站建设质量

通过 SEO，可以让网站页面、架构和层次更清晰、合理，更符合普通网民的使用习惯。为了做好 SEO，我们必然需要提升网站的内容质量，因为这是搜索引擎的三大指标之一。后面会重点讲解搜索引擎的三大指标。

3. 带来更多的优质流量

SEO 可以带来有明确需求的访问者，大幅度提高网站的营销效果。由于 SEO 是被动式营销，用户不主动，营销便不会发生。因此这样带来的效果必然是准确率高。比如在彩票行业，注册到充值的用户转化率达到了 30% 以上。

4. 能够用非常小的投入带来非常大的回报

通过 SEO，能够让一个网站投入非常少的资源，便能带来非常大的流量提升，并很快占领整个网络市场。这里举个笔者自己做过的案例。当我还没有加入网易彩票之前，网易彩票来自搜索引擎的流量几乎为 0，并且销量在整个彩票行业的排名不到前 10 名。在我加入后，通过 SEO，不到半年时间就将网易彩票的每日 IP 做到了 20 多万。并且在不到一年的时间里，销量进入了前 5 名，最终进入了彩票前三甲的行列。而值得骄傲和自豪的是，我没有花一分钱就达到了这样的效果，可谓是四两拨千金。这里笔者不是在鼓吹自己，而是想说明当你学会了 SEO 思维，具备了 SEO 能力后，你也可以做到这样的结果。SEO 并不神秘，它是人人都可以学习并掌握的技术。

综上所述，SEO 的价值对于整个互联网从业者或者互联网企业来说，是非常重要并且具有战略意义的，希望能引起大家的重视。

3.2 凭什么你能排名靠前

笔者从事 SEO 的 12 年中，面试过至少 500 名 SEO 人员，每次面试的时候，我都会问一个基本的问题，那就是"凭什么你能排名靠前？"。每当我问这个问题的时候，面试者都是一脸茫然。包括从事 SEO 十多年的"老兵"，竟然也答不上来。也就是说，大部分人对 SEO 的了解只停留在"知道怎么做，但是不知道为什么这样做的"的应用层面。而对于 SEO 的"操作系统"或者说 SEO 的底层逻辑并不清楚。因此我将从 SEO"操作系统"和搜索引擎的排名规则两个方面进行介绍。

3.2.1 SEO 操作系统

研究一门知识或学问，首先我们得了解它的"操作系统"（如图 3-2 所示），其次才是操作系统上面的 App。有了这两个基础，我们才能上升到更高一层的阶段。

市面上几乎没有一本书或者一个培训课程，提到了 SEO 的底层逻辑。这也是为什么，在其他培训机构的学员，花了大量的钱学习 SEO，但是仍然没有弄清楚 SEO 的底层逻辑，于是又花 1 万元学费来上笔者的 SEO 高级班课程。

在弄懂 SEO 的底层逻辑，了解 SEO 的操作系统之前，我们先了解一下搜索引擎的原理。

我们都知道蜘蛛吧，蜘蛛喜欢到处结网，然后顺着网到处爬行。搜索引擎为了抓取更多的信息，会派出一个类似"蜘蛛"一样的程序（如图 3-3 所示），沿着已知的链接对互联网站点进行检索。一旦发现新网站，它会自动提取网站的信息和网址，并加入搜索引擎的数据库。这里的已知链接指的是网站目录和网址导航。

例如，雅虎目录就是属于网站目录，hao123 就是属于网址导航。搜索引擎最早是从雅虎目录开始，顺着这样的网站上抓取上面的链接和内容。这也是为什么我们之前做 SEO 的时候，都希望自己的网站能被雅虎目录收录的原因。因为一旦被收录，就可以被搜索引擎优先抓取和检索到。

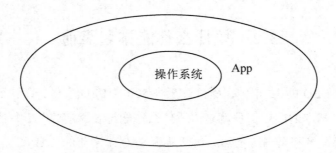

图 3-2　SEO 的"操作系统"与 App 的关系

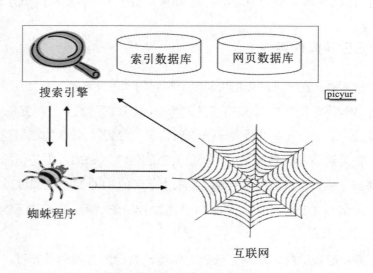

图 3-3　搜索引擎的工作原理图

网站拥有者也可以主动向搜索引擎提交网址。提交成功后，"蜘蛛"程序将会直接来扫描你的网站并将有关信息存入数据库，以备用户查询。

比如百度、谷歌、360、搜狗等都有提交网址的入口，具体的提交网址读者可以自行搜索一下。

3.2.2　搜索引擎的排名规则

搜索引擎是怎么排名的呢？它的排名规则又是什么？

搜索引擎的任务是把最符合用户搜索需求的网站排在检索结果的前面。搜索引擎通过一系列复杂的算法给每个网站打分并排名。根据经验，我们大概可以发现搜索引擎一般通过以下 3 个方面来评估网站，如图 3-4 所示。

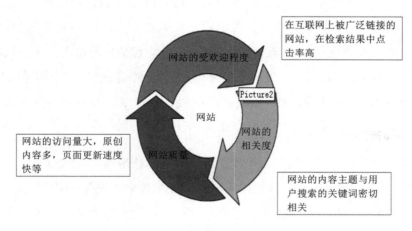

图 3-4　价值 1000 元的搜索引擎排名三大指标图

以上这张图价值 1000 元，为什么价值 1000 元？因为当年别人请我去培训SEO 的时候，我的出场费 1 个小时为 3000 元。而这张图主要就是我培训课程的核心内容，因此价值 1000 元。所以，本书的读者们，你们真的是有福了，捡了这么一个大便宜哈。

下面分别介绍每个核心指标。

1. 网站的受欢迎程度

怎么理解"受欢迎程度"？意思就是在互联网上被广泛链接的网站，在检索结果中点击率高。

举例，某个网站写了一篇新闻，这篇新闻被大量的网站所转载，并且转载还附上了原文地址。但是这并不能证明这篇文章就一定受欢迎，为什么呢？

因为我可以人为地让大量的网站转载我的文章，无论是自己创建大量的网站转载，还是花钱让别的网站转载。这样的话，不是等于可以操控搜索引擎的结果吗？所以，搜索引擎当然不能让这样的事情发生。

于是，加上了"在检索结果中，点击率高"这个条件来防止作弊。这个条件主要是告诉大家"你说流行就流行啊？得用户说了算"这么一个事实。

因为用户在搜索引擎搜索他想要的内容时，如果觉得好，自然会多点击。

综上所述，对于网站链接流行度的判断，搜索引擎会依据网站外链数量、质量如何，以及在检索结果中点击率是否高来打分。包括目前市面上比较热门的快排技术，主要就是通过提升点击率来提升"网站的受欢迎程度"这个指标的。所以，你如果理解了本节的内容，基本就能理解市面上 90% 以上的 SEO 操作逻辑。

2. 网站的相关度

从字面上理解"相关度"，可能比较好理解，就是与内容的相关程度。可是这里说的"相关度"指的是网站的内容主题与用户搜索的关键字密切相关。

哦，原来是与用户搜索的关键字有关才行。这里实际上又加入了用户说了算的要素。不是你凭空想象的关键字，而是用户搜索的关键字。

这里给大家讲一个故事：笨笨最喜欢用 A 这个关键字来搜索他想要的东西，于是他想当然地也认为，其他用户也同样会用 A 这个关键字来搜索他们想要的东西。于是笨笨花了大量的时间开始围绕 A 这个关键字来收集内容，并且在网站的主要部分反复突出与 A 相关的主题。但是半年过去了，网站从搜索引擎过来的访客一个也没有。

看完以上故事大家是不是觉得笨笨有点可怜呀！辛辛苦苦6个月，一个访客也没有。其实笨笨失败的主要原因是没有分析用户需求，没有了解用户会搜索哪些关键字，而是从自己的观点出发，自然是失败了。

相信大部分人都犯过类似的错误，总是以自己的需求为出发点，而不是从用户出发，围绕用户搜索的关键字来做内容或者网站，最终满足用户的需求。

下面再举几个参加笔者线下SEO总监班学员的真实咨询案例。

案例1：学员B，他想做一个关于儿童机器人的网站，以下是他跟我的对话。

学员B：胡老师，您好，我想做一个关于儿童机器人的网站，参加了您的课程，对于网站相关度这方面还有一些疑问想咨询您。

我：你好，有问题请直接说出来，我有时间会一一回复你的。

学员B：是这样的，我想做的关键字是"儿童机器人"这个细分的行业词，以及与儿童机器人相关的词。对于内容相关度这块，我应该怎么着手呢？比如，如何做才算是与内容相关？

我：你还记得我在线下SEO总监培训班中讲的内容吗？

学员B：记得，就是要做跟用户搜索关键字相关的内容，对吧？

我：是的。你目前计划怎么做呢？

学员B：我打算弄一些与机器人相关的内容，例如机器人厂商、机器人大会、机器人资讯、机器人论坛及机器人产品等。

我：挺好的，这些都是相关度很高的内容。还有吗？

学员B：还有就是，我想放一些与儿童相关的内容。

我：哪些儿童相关的内容？

学员B：例如儿童故事、儿童作文、儿童教育及儿童玩具等。

我：哦，不错，这些内容都是围绕儿童和机器人展开的。其实儿童机器人本身属于机器人这个大类。因此必须要有机器人相关的内容。但是儿童机器人属于机器人里面的一种细分，属于类似于陪伴儿童玩具一样的产品。因此我建议，还是围绕儿童机器人产品本身展开，不要过多地放与儿童相关的内容，而要放与儿童机器人相关的内容。当儿童机器人内容达到饱和时，再考虑增加机器人的内容；

如果机器人的内容也饱和，才考虑与儿童相关的内容。

学员 B：哦，这样呀，非常感谢胡老师的指导。真是"听君一席话，胜读十年书"啊！差一点就走偏了方向。我回头把计划好好调整一下，到时还得请胡老师继续多指点！

我：没问题的，随时可以联系我。

案例 2：学员 C，已经有一个网站，是与汽车美容和保养相关的。2010 年就做了这个网站。2010 年至 2017 年 7 月，网站流量从来没有下降过，直到遇到了 2017 年 7 月百度的"飓风算法"，流量从 10000 ~ 20000IP，下降为 100 ~ 200IP 之间。最近一年多以来一直没有恢复，于是求助于我。以下是我们之间的对话。

学员 C：胡老师您好，上次参加完您的线下 SEO 总监培训班，收获非常大，完全颠覆了我对 SEO 的认识。回去后，我就基于自己的网站，用了几个礼拜的时间进行了一次全方位的诊断，并且已经执行 3 个多月了，但是网站流量还是没有丝毫提升的迹象。这是什么原因呢？

我：你好，你的网站域名发我看一下，然后把你最近做了哪些操作告诉我。

学员 C：www.XXX.com（这里省略网站的网址）。我做了这些操作：第一步，新增了 1000 篇高质量的原创文章。第二步，交换了 20 ~ 30 个友情链接，并且花钱买了 50 个友情链接，都是与我的网站行业相关的。第三步，把网站的 URL 架构进行了优化，让网站结构非常清晰。

我：你做的这些工作都非常棒，按道理这样操作后，网站应该会有流量的回升才对。

于是，我用 SEO 工具分析了一下他的网站。并且还直接访问了他的网站，进行了深入分析。之后，我便开始回复他。

我：你的这个网站最大的问题在于内容相关度不高。你的网站是做汽车后市场（指汽车销售以后，围绕汽车使用过程中的各种服务）的，但是你在网站上放了很多不相关的内容。例如，你的论坛里面有很多内容低俗的图片及博彩的内容。另外，你的网站中的新闻资讯很多都是与汽车后市场无关的，大部分属于财经、政治、热点事件和明星八卦等内容。

学员C：那我应该怎么做呢，胡老师？

我：你应该把那些与内容不相关的或者内容质量比较低俗的全部删除掉。

学员C：啊？为什么呀？这样操作起来挺麻烦的。

我：因为如果你不这么做，你的网站质量会因为这些不相关的内容或低俗的内容而拉低。这样，即便你买再多高质量的文章，其实也是没有多大的帮助。

学员C：哦，原来是这样，那我听您的，把这些内容都删除掉。

我：另外，删除这些内容后，要把这些内容所对应的URL也提交给搜索引擎，以死链的方式提交。

学员C：胡老师，您真的是太仔细了，这些我都没有想到。

我：要想成为SEO高手，基本功一定要扎实，一定要注重细节。有时人与人之间的差距，往往就在一个很小的细节上面。

学员C：好的，谨遵教诲，我一定练好基本功。

3．网站质量

网站质量这个词的含义相信大家都明白，这里就不解释了。笔者这里主要谈的是什么呢？是关于搜索引擎是如何判断你的网站质量的，以及从哪些维度或者哪些要素来判断的。

（1）网站访问量大

搜索引擎如何判断你的网站访问量大？第一，通过第三方流量统计工具，比如Alexa或CNZZ；第二，通过自身的流量统计工具，例如百度统计和谷歌分析师等。

（2）原创内容多

随着百度2017年7月上线的"飓风算法"，从一大批网站被K的数量和程度来看，搜索引擎对于原创的要求已经变得特别重要了。

关于内容，我摘录一些笔者博客（虎勇网）上用户的提问供大家参考。

用户问：我可以用XX软件更新文章吗？

我：不建议用软件生成文章，除非是人工智能级别的水平。否则质量很难保证，甚至容易被降权或惩罚。什么样的软件才能算人工智能水平级别的呢？比如日本出了一款软件。

用户问：什么软件?

我：专门在第一时间抓取社交网站上人们发的内容，然后以最快的方式组合成一篇文章。我的朋友圈有发过。

日本的 JX 通信社在 2008 年成立，公司只有 24 名员工，平均年龄 30 岁，其中有 70% 是工程师，30% 是公关营销人员，没有一名编辑。他们通过人工智能搜集社交网站上有可能成为新闻的内容，经过判断之后，每秒最多可以自动生产 200 则快讯。"

这比人写得要快，而你用的这个软件，都是忽悠"小白"的。在这个世界上，没有付出就没有回报。我在公开课上说了，首先要树立正确的 SEO 价值观。想了解更多的内容，请访问 http://www.huyong.org.cn/seoask/。

（3）页面更新快

页面的更新频率，例如间隔时间越短，说明页面更新越快。

例如，你每周更新一篇文章，而竞争对手每月更新一篇文章，那么说明你比竞争对手的更新频率高，即页面更新更快。

这里建议大家每天最少保持一篇文章或者一个网站页面的更新频率。

（4）网站停留时间长

网站停留时间越长，说明用户越喜欢你的网站。为什么这么说呢？因为如果你的网站内容不够多，用户看一会就没内容看了，必然就会离开，这样用户停留的时间就比较短了。

如果你的网站内容虽然多，但是内容质量非常低，很多都是采集或者抄袭别人的，那么用户第一次可能会相信你。当第二次发现你的内容都不是自己原创的时候，可能会直接关闭网页。这样的话，用户停留时间必然就短了。或者即便你的内容是原创的，但是文章的内容东拼西凑，没有任何逻辑，简直不知道说什么，没法阅读。这样让用户有了非常不爽的阅读体验，他们必然会马上关闭网页。

（5）网站跳出率低

网站跳出率越低，说明用户的需求在你这里越能得到更好的满足。

为什么这么说呢？因为当用户能在这个页面中找到他所需要的内容，必然会继续在这个页面上进行更久的停留，比如进行更深入的阅读。

例如，百度百科在这方面就做得比较好。因为百科对一个词条的内容做得非常细，分类也很清晰，并且在前面几段就提供了目录导航，如图3-5所示。这样让用户可以方便、快速地找到相关内容，减少了用户的流失率，同时也提升了用户的停留时间。

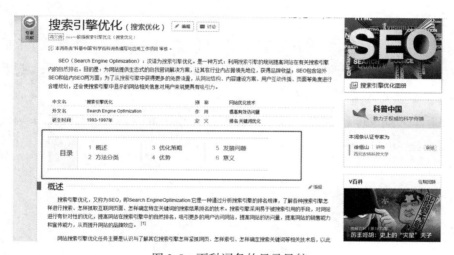

图3-5 百科词条的目录导航

（6）网站访问速度快

无论是PC时代还是移动互联网时代，搜索引擎一直非常重视网站的访问速度。一个页面的打开或加载速度是否快，将极大地影响到用户的体验。这里跟大家普及一下用户体验的三要素：不要让用户等，不要让用户想，不要让用户烦。对于网站来说，只有网站访问速度够快，才能尽量减少用户的等待时间。

百度员工多次在公开场合表明：网站打开速度对移动网页搜索排名影响很大。

我觉得这应该是搜索引擎对于网站的一个最基本要求。如果网页打开不够快，后面的所谓内容质量、相关度和用户体验也都无从谈起。

最后做一个总结。我认为本节是本书中最重要的一节。为什么说是最重要的一节？因为后面所有"高楼大厦"的设计和建造，都是基于这个"地基"的。毫不夸张地说，在我的1万元课程里面，本节最少值1000元。如果大家对本节的内容没有很好地消化，那么后面的内容，你也很难理解和消化，因此希望大家认真、仔细地阅读本节内容。建议至少看10遍，因为它是核心中的核心。

3.3　白帽 SEO 才是王道

上一节笔者讲了搜索引擎排名的底层逻辑，介绍了凭什么你就能排名靠前的原因。相信很多读者会想当然地认为搜索引擎的规则我们都知道了，只要提升某个指标，不就可以达到排名靠前的目的了么？

这样的想法没错，一些 SEO 从业者也是这么做的。但是这里会有两种形态存在，一种是黑帽 SEO，一种是白帽 SEO，如图 3-6 所示。

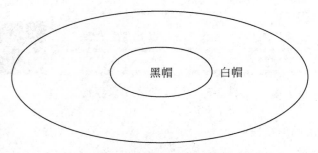

图 3-6　白帽与黑帽示意图

什么叫黑帽 SEO？百度百科的解释是：所有使用作弊或可疑手段的都可称为黑帽 SEO。笔者的理解是：损害搜索引擎公司或用户利益的就叫做黑帽 SEO。

3.3.1　黑帽 SEO 的几种手段

常见的黑帽 SEO 手段有以下几种形式：

1. 链接流行度作弊

什么叫链接流行度作弊？就是为了提升链接流行度而采用的作弊手段。常见的手段有以下几种：

（1）博客群发

通过非法技术手段，在大量的博客网站上进行大量的外部链接群发，链接到自身网站。

（2）博客链接隐藏

通过非常规技术手段，在大量的博客网站上挂隐藏链接，链接到自身网站，也就是所谓的"黑链"。

（3）隐藏链接

就是通过修改链接文字颜色或者背景颜色等手段，达到欺骗用户的效果。

（4）假链接

通过修改网页代码，让用户可以看到链接，而对于搜索引擎却是无效链接，以达到欺骗搜索引擎的目的。

（5）外链群发

利用外链群发软件，短时间内在与自己网站内容无关的网站上批量发布链接，链接到自己的网站。

2. 内容相关度作弊

什么叫内容相关度作弊？指用户为了提升内容相关度而采用的作弊手段。常见的手段如下：

（1）关键字堆砌

有些 SEO 人员为了提升关键字的密度，在标题、关键字、描述或网站的其他地方大量堆砌关键字，造成语句不顺，用户体验特差，最终被搜索引擎惩罚。

（2）网站中有大量与网站主题无关的内容

有些 SEO 人员为了偷懒，明明网站的主题是红酒，但却填充了大量的小说或军事类内容，导致网站被 K。

（3）网站被黑导致网站存在很多非法内容

有些 SEO 人员本身并没有做任何作弊操作，但是由于其网站被攻击，导致网站所在服务器被挂上了大量的博彩等非法内容。搜索引擎发现后，导致网站被 K。所以说，选择一个安全的服务器对 SEO 非常重要。

3. 内容质量作弊

什么叫内容质量作弊？指用户为了提升内容质量而采用作弊的手段。常见的手段是：快速在短时间内生成大量的低质量内容。

这种手段指的是通过关键字在短时间内快速生成大量低质量内容的网页。所谓的低质量，指内容与网站的相关度低，用户体验差。例如，所产生的内容让用户停留时间特别短，跳出率特别高。

这种方式笔者在 2011 年曾经操作过，具体操作方法是这样的：根据用户搜索关键字的访问历史，把这部分关键字抽取出来，然后模拟用户在搜索引擎中搜索这个关键字，然后把搜索结果的页面内容另存一份静态页到自己的网站上。这样，短期内就创造了数百万个这样的页面，并且在这些页面上部署了大量的关键字。采用这种方法后，在不到 3 个月的时间，每天给网站带来了数万 IP 的提升，给公司创造了数百万的销量。但是这个项目也只持续了 6 个月，最终被搜索引擎发现了。幸运的是，笔者当时用的是一个不太重要的二级域名做的这个项目，对主域名的影响不大，因此没有影响到全网站被 K 站。从此以后，对于搜索引擎，笔者再也不敢心存侥幸了，并且也因此明白了一个道理：千万不要做黑帽 SEO，那样会得不偿失，只有白帽 SEO 才是"王道"。

3.3.2 白帽 SEO

没错，只有白帽 SEO 才是王道。那么什么叫白帽 SEO 呢？

百度百科的定义是这样的：采用 SEO 的思维，合理优化网站，提高用户体验，合理与其他网站互链，从而使网站在搜索引擎排名中有所提升。

笔者的理解是这样的：就是以用户体验为中心，采用 SEO 思维，系统地优化网站，以达到提升搜索引擎排名的目的。

只要你的初心也就是"以用户体验为中心"不变，基本上不会触犯到搜索引擎，也就不会被 K 站。

白帽 SEO 虽然比黑帽 SEO 慢，但是效果非常稳定，并且随着时间的积累，权重会越来越高，最后竞争对手要超越你，就非常困难了。当然也不是说白帽 SEO 就一定慢，这需要看你的竞争对手的强大程度，以及你的资源和 SEO 水平。笔者在网易工作的时候，曾经就创造了一个白帽 SEO 圈的最高记录，在不到半年的时间，IP 量从 0 提升到 20 多万，成为了行业第一。

从事 SEO 工作 12 年以来，笔者一直坚持采用白帽 SEO 作为自己的 SEO 理念，也希望本书的读者用白帽 SEO 作为自己的 SEO 指导思想。不忘初心，方得始终。

第4章
系统能力：正规、系统的方法

什么叫正规、系统的 SEO 方法？其实就是通过自身的实战总结，提炼出一套正确的 SEO 操作方法。本章中，笔者将把自己在 SEO 领域积累了十多年的 SEO 实战经验总结为一套正规、系统的方法，方便大家学习、借鉴和使用。具体包括机会判断、三位一体打法、常见的几个 SEO 要素等内容，下面详细讲解。

4.1　机会判断

这里讲的机会判断，主要是教大家如何用正规系统的 SEO 方法来判断一个项目或一个关键字是否有机会做成功，或者是否值得投入人力与物力去做。

这里笔者总结了 3 点，分别介绍如下。

4.1.1　网站自身分析

孙子云"知己知彼，百战不殆"。这句话的意思是说，只有了解自己并且了解敌人，才能做到百战百胜。而我们大部分人并不了解自己，并不了解自己的公司或者网站。

如何进行网站自身分析呢？可以从以下 3 个方面着手。

1. 产品定位

（1）产品在目标市场的地位如何？

SEO 是为运营服务的，运营是为企业营收（即营业收入）服务的。而一个企业要有营收，就得有盈利模式，即靠什么赚钱。一般都是靠卖产品或服务赚钱。

因此，作为 SEO 人员首先要分析你的网站卖什么产品或服务，然后分析你卖的产品或服务在目标市场上的地位如何？

（2）分析产品或服务在营销中的利润。

（3）分析产品或服务在竞争策略中的优势。

2. 产品词汇收集

从行业名称、地域名称、产品名称、产品属性和产品功能等方面进行词汇收集。

3. 网站在同行业中的排名

分析网站在同行业中是否具有领导地位，在同行业中排名第几。

4.1.2　关键字分析

我们通过百度指数工具或者其他关键字工具，来对关键字进行基本分析，包括对百度指数、竞争度等进行判断，如图 4-1 所示。

图 4-1　百度指数首页

4.1.3 竞争对手分析

竞争对手分析是 SEO 工作中非常重要的一个环节。对于竞争对手，我们要从以下几个方面进行分析。

1．网站域名时间与网站上线时间

网站域名时间指网站域名注册的时间。网站上线时间指网站发布内容到线上的时间。

2．Alexa 排名与百度来路 IP

根据百度百科的数据，Alexa Internet 公司是亚马逊公司旗下的一家子公司，总部位于美国的加利福尼亚州的旧金山。该公司于 1996 年由布鲁斯特·卡利（Brewster Kahle）及布鲁斯·吉里亚特（Bruce Gilliat）创立，作为 Internet Archive 的分支，受到了杰奎琳·萨福拉的埃托勒投资支持，1999 年被亚马逊公司以价值约 2.5 亿美元买下。

Alexa 一直致力于开发网页抓取和网站流量计算工具。Alexa 排名是常被引用的用来评价某个网站访问量的指标之一。

百度来路 IP 指的是通过爱站工具，查询来自百度的 IP。

3．网站的百度权重与谷歌 PR

百度权重指的是第三方平台通过网站在百度的搜索表现而给予的打分指标。权重级别为 0 ~ 10 级，其中，0 级最低，10 级最高。目前，站长之家、爱站网、5118 等网站都提供类似的权重查询。本书所说的百度权重指的是通过爱站网查询的百度权重。谷歌 PR 是 PageRank 的英文缩写，中文是"网页级别"的意思，是 Google 用于评测一个网页"重要性"的一种方法。PR 值级别为 0 ~ 10 级，其中，0 级最低，10 级最高。

4．网站的百度收录数量、反向链接数量

网站的百度收录数量指的是通过第三方工具所查询到的百度收录数量数据。

反向链接数量指的是通过第三方工具所查询到的反向链接数量。

5. 百度移动词数与 PC 词数

百度移动词数，指通过第三方工具所查询到的百度移动词数。

百度 PC 词数，指通过第三方工具所查询到的百度 PC 词数。

以上数据都可以通过第三方 SEO 工具查询获取。

通过对自己的网站分析、关键字分析和竞争对手分析，就能知道自己有没有机会成功，需要付出多大的代价在多久的时间内才能成功。

机会判断非常重要，如果绕过了这一步，后面所有的努力都会白白浪费。试想一下，你的老板让你去做一个非常难做的 SEO 项目，你不通过机会判断就草率地答应，最终不仅没有完成任务，还耽误了很多时间，浪费了大量的人力和物力。假如你学会了机会判断，在老板交给你一个 SEO 项目的时候，你就能快速地判断这个项目能不能做，需要付出多大的代价在多久的时间内才能成功，并且把这样的分析告诉老板，相信你的老板一定会听取你的意见的。

再举一个例子，目前网上有大量的 SEO 服务公司，客户需要做哪个关键字排名，可以向他们提出具体的要求。SEO 服务公司的 SEO 人员，在客户提供关键字后，会先进行简单的机会判断，确定这个关键字能否做、需要花多少钱、投入多少人力、预计多久可以排名到首页等，然后再给客户进行报价，从中赚取相应的利润。

机会判断的正确度与精准度决定一名 SEO 人员水平的高低。你究竟是菜鸟还是高手？究竟是专家还是大师？都可以通过机会判断见分晓。

4.2 内容质量、相关度、受欢迎程度三位一体打法

还记得我们在凭什么你能排名靠前这节里（即 3.2 节）讲的内容吗？在本节中将给大家介绍网站的内容质量、相关度与受欢迎程度这三个搜索引擎的核心要素，围绕这三大核心要素，教大家"三位一体的打法"。

大家都知道大众点评网吧，2015年大众点评网与美团合并，组成新美大集团。大众点评网来自搜索引擎的流量非常惊人，每天最少有上千万的流量来自搜索引擎。那么你们知道大众点评的 SEO 操盘手是如何把网站 IP 从 0 优化到千万级的吗？不知道吧？没有关系，我将围绕网站的内容质量、相关度和受欢迎程度这三大核心要素来给大家做全方位的解析。

4.2.1　内容质量

大众点评网的内容质量如何保证呢？

先说内容的原创度，大众点评网的内容主要是商家的信息。而商家的信息从哪里来呢？一部分来自商家自己提交的商户信息，另外一部分就得安排编辑人员，人为地上传与提交商家信息。而在商家信息这块，因为之前没有类似的平台做类似的事情，所以只要上传就是原创了。

再说内容的更新频率，由于大众点评网的商铺刚开始的时候上线的商家比较多，因此更新频率比较高。到了后期，商家的信息基本都上传完了，市场新增店铺的数量也很少了。这个时候，大众点评网新增了论坛、圈子、问答等用来弥补更新频率低的问题。

最后我们再说说网页的打开速度，这一点，大众点评网做得也非常好，网页打开速度非常快。

因此，在内容质量方面，大众点评网的得分是不错的。

4.2.2　相关度

大众点评网的定位是互联网＋生活服务平台，那么它所覆盖的行业就比较多了，只要与生活服务相关，都可以做。因此大众点评网开通了美食、休闲娱乐、结婚、丽人、酒店、旅游、装修、学习培训等频道。

可以说，围绕这些频道所产生的内容，相关度都是非常高的。

4.2.3 受欢迎程度

2011 年，笔者在大众点评网的团购活动中，免费抽中了一部小米手机，当时有近 4 万人参加这个活动。那时的大众点评网就已经开始通过各种活动来提升网站的人气了。因此在搜索"团购"等关键字时，大众点评网的点击率往往比较高。

至于外链情况，我们通过相关工具发现，大众点评网的外链也是惊人的。

最后我们可以得出结论，那就是大众点评网在内容质量、相关度和受欢迎程度三个方面的得分都非常高，这就是为什么大众点评网能够通过 SEO 的方法将来自搜索引擎的流量做到从 0 到千万级。

4.2.4 反面教材

与大众点评网形成鲜明对比的是有一个叫"×××网"的网站。考虑到这个例子的代表性，这里不说明网站的名字了，主要是为了给大家以警醒。这个网站当时听行业里的人说每天来自百度的流量曾经达到过 500 万 IP 以上的规模，可以说是一个非常大的网站了。然而，2017 年 8 月百度飓风算法一推出，该网站原来每天来自搜索引擎的 500 万 IP 流量一夜之间流量几乎为 0（如图 4-2 所示）。这个网站为什么会突然之间遭遇这样的惩罚呢？其实主要原因就是其违反了内容质量这个核心要素。关于哪些操作手段不能使用，后面会在第 7 章里详细介绍。

通过前面所举的正反两个案例，

图 4-2 ×××网被 K 站后的流量走势图

相信大家对于内容质量、相关度与受欢迎程度三个核心要素的运用有了基本了解。

只有运用内容质量、相关度与受欢迎程度"三位一体的打法"，才能在 SEO 的"战争"中胜出。

4.3　常见的几个 SEO 要素

在学习本节内容之前，建议大家先了解一下与计算机 HTML 语言相关的知识，否则阅读起来会有些难度。

我们一般把 SEO 分为线上 SEO 和线下 SEO，或者叫站内 SEO 和站外 SEO。

线上 SEO 又叫站内 SEO，就是基于网站本身的搜索引擎优化。线上 SEO 主要包括 6 个要素，下面具体讲解。

4.3.1　标题

如图 4-3 所示，标题也就是我们在浏览器中看到的最上面的部分。而从技术上讲，标题是属于 <head> 标签里的 <title> 标签部分，网页源代码表现形式为：

<title> 你要加的标题 </title>

图 4-3　标题举例：虎勇网首页标题

标题在搜索引擎的排名要素里占了很大的权重比例，因为我们看到的搜索结果页当中，每条记录的展现形式首先显示的就是标题。

在后面的章节中会讲解如何优化标题来提升关键字的排名。

4.3.2　META 标签

META 标签也就源代码的 <META> 部分。这里又包括两部分：Keywords 和 Description。

Keywords 的中文意思为"关键字"，网页源代码表现形式为：

<meta name="Keywords" content=" 你要加的关键字 ">

Description 的中文意思为"描述"，网页源代码表现形式为：

<meta name="Description" content =" 你要加的描述 ">

描述在搜索引擎的排名要素里也很重要，因为我们看到的搜索结果页当中，每条记录的展现形式中首先显示的是标题，然后就是描述，并且描述占了 2 行的位置。

在后面的章节中会教大家如何优化描述和关键字，来提升关键字排名。

4.3.3　<H> 标签

<H> 标签是网页 HTML 中对文本标题所进行的着重强调的一种标签，本质是为了呈现内容结构。也就是我们在 Word 里面常见的文章标题。包括 <h1>、<h2>、<h3>、<h4>、<h5> 和 <h6> 共 6 对，文字从大到小依次显示重要性的递减，也就是权重依次降低。

4.3.4　<B> 标签

<B> 标签用来加粗字体。一般而言，文章中重要的内容和标题都会加粗。网页源代码的表现形式为：

<b> 需要加粗的文字 </b>

4.3.5 锚

这里指的是锚文本，英文为 Anchor Text，也就是我们常说的链接文本。网页源代码表现形式为：

<a href="url"> 你要加的锚文本 </a>

在后面的章节中会教大家如何优化锚文本来提升关键字的排名。

4.3.6 ALT 属性

超级链接也有 ALT 属性，这里主要讲图片的替代文字属性。也就是当浏览器因为某种原因显示不了图片时，我们希望用户看到的文字。网页源代码表现形式为：

<img src=" ", alt=" 替代文字 ">

在后面的章节中会教大家如何优化 ALT 属性来提升关键字的排名。

4.4 案例：500.com 集团的 SEO 领军地位

本节将通过笔者在 500.com 集团的工作经历，来讲解笔者是如何通过 SEO 思维巩固 500.com 集团在行业中的领军地位的。

2010 年 3 月，笔者加入了 500wan 彩票网，也就是 500.com 集团的前身。2013 年底，500.com 集团在纽交所上市。这家公司当时在国内的彩票行业中属于"领头羊"，在行业中处于领军地位。

但是一个网站在行业中处于领军地位，未必在 SEO 方面也处于领军地位。笔者入职前，500wan 彩票网在整个搜索引擎方面并没有建立起自己的"领头羊"地位，仅仅只能算及格水平，这个和前任 SEO 人员的贡献有关，所以并不是没有一点儿基础。

运用前面教给大家的"机会判断"方法，笔者当时做了几点分析，下面具体讲解。

4.4.1　网站自身分析

网站自身分析主要从产品定位、产品词汇收集、网站在同行业中的排名等方面进行分析。

1．产品定位

问：产品在目标市场上的地位如何？

答：500wan 彩票网在目标市场上处于行业领军地位。

问：产品在营销中的利润如何？

答：500wan 彩票网在营销中的利润还是不错的。

问：产品在竞争策略中的优势如何？

答：这个问题我当时不知道怎么回答，但是我知道 500wan 彩票网有腾讯、新浪这些"巨头"跟它合作，给它引流，还是比较有竞争优势的。

2．产品词汇收集

笔者当时收集了彩票行业中大量的行业词（如福利彩票）和产品词（如双色球等）。

3．网站在同行业中的排名

问：网站在同行业中是否处在领导地位，在同行业中排名第几？

答：500wan 彩票网在同行业中处在领导地位，在同行业中排名第一。

4.4.2　关键字分析

笔者通过百度指数工具或者其他关键字工具对其关键字进行了基本分析，从百度指数、竞争度等方面进行判断，发现大部分词都可以作为关键词。

4.4.3　竞争对手分析

对于竞争对手，笔者主要从以下几个方面进行分析。

当时 500wan 彩票网的竞争对手是搜狐、新浪这些门户网站。它们没有彩票业务，但是有彩票资讯频道。

1. 网站域名时间与网站上线时间

500wan 彩票网域名时间比这些网站晚，但是网站上线时间比它们早。

2. Alexa 排名与百度来路 IP

500wan 彩票网的世界排名比这些网站低，百度来路 IP 在当时的工具中还无法计算和预估。

3. 网站的百度权重与谷歌 PR

当时并没有百度权重的说法，主要看谷歌 PR。500wan 彩票网的 PR 值比搜狐和新浪这些网站高。

4. 网站的百度收录数量、反向链接数量

500wan 彩票网的收录数量比搜狐和新浪网站高，但是反向链接数量比搜狐和新浪网站低。

5. 百度移动与 PC 词数

当时并没有查询关键字的工具，我们是通过手动输入一个个关键字查询的，而且每次只能查询一个关键字。通过这种方式来统计热门关键字覆盖率（关键字覆盖率指要优化的某个关键字在搜索引擎中占据的排名位置有几个）。500wan 彩票网的关键字覆盖率比搜狐和新浪这些网站低。

通过"机会判断"分析后，我们发现 500wan 彩票网有很大的机会能成为 SEO 行业的第一，并且不需要花费太多的人力和物力，最多 6 个月的时间就能做到。

于是，我们进行了一些优化方案的提交，不到半年时间，SEO 流量果然成为同行业第一。一年时间从搜索引擎带来的流量，为 500wan 彩票网创造了巨大的收益并且由于笔者的特殊贡献突出，第二年就被提升为 SEO 经理。

500.com 集团通过 SEO 思维，在搜索引擎领域巩固了它的行业"领头羊"地位，获得了更多的优质流量、用户和销量。

4.5 案例："赶集网" VS "58 同城"

说起赶集网和58同城这两个网站，相信大家一定不会陌生。这两个网站都是做分类信息的，并且都是在2005年成立的。只要细心观察你会发现，它们的网站首页、网站的架构几乎都一模一样。然而为什么几乎一模一样的网站流量会相差好几倍呢？

故事还得从一个人说起，这个人就是SEO行业内的有名人物，名字叫陈小华。陈小华是点石互动的4位发起人之一。点石互动是国内SEO的旗帜性博客，成立于2006年7月15，发起人有Robin、小鹏、石头和Zac。这里的石头指的就是陈小华。他们都是当时SEO行业内的名人，笔者也是在2007年刚接触SEO时就知道了他们。

据说在2007年6月，陈小华入职赶集网，负责SEO方面的工作。这位"SEO骨灰级高手"用了半年时间让赶集网的流量从10万IP提升到了40万IP，远远超过了58同城。这件事引起了姚劲波（58同城创始人）的注意，并下定决心要把陈小华挖到58同城。

经过他诚肯的说服，陈小华终于去了58同城工作虽然过程比较波折，但结果是令人满意的。陈小华报道后，姚劲波直接让他做了公司副总裁，并且许给他期权，并在重要的投资人会议上都带着陈小华，昭示着陈小华在公司的重要地位。而陈小华也证明了自己的价值。他到58同城后使用人海战术，投入之前三四倍的人力，用8个月时间将58同城的流量从20万突破到了100万，这不仅拉大了58同城和赶集网的差距，还改变了58同城的性质——在此之前58同城只能算是小网站，经过此番用SEO引入流量后，反而奠定了行业第一的位置。

网上有人评论说："如果不是赶集网的动作，姚劲波不会这么早意识到SEO的重要性，也就不会有这次飞跃。在两家公司的竞争中，赶集网是嗅觉更敏锐的那一个，但是由于没有做到极致，反而给了竞争对手可趁之机。姚劲波在这件事上的果断和决心也是关键，不是第一个看到方向的没关系，可一旦看到了方向，无论如何都要执行下去，这是58同城能后来居上的重要因素。"

笔者对于 58 同城这次"挖墙角"的举动是这样理解的：

分类信息网站在产品层面很难做到差异化或创新。网站"拼"的就是看谁发布的信息多，能够更好地满足寻找信息的人。

分类信息的营销方式，前期靠"砸广告"是不明智的，也是非常不划算的，只能依赖于搜索引擎。因此 SEO 就非常重要，应该占 90% 以上的权重。

SEO 在双方行业的排名、资源都差不多的情况下，拼的是什么呢？其实拼的就是 SEO 技术，而 SEO 技术最终要靠 SEO 工作人员来实施，因此拼的其实是人才。

综上可以看出，假如你是 58 同城的姚劲波，你也会这么做。你也会想办法"挖"到这样一位 SEO 顶尖高手为己所用，也会想办法给予他"高官厚禄"的。不这么做，你怎么拼得过类似于赶集网这样的对手呢？

通过陈小华的这个故事，笔者也想告诉那些对 SEO 依赖特别大的公司的 CEO 们，一定要重视你的 SEO 职员，给予他们最好的待遇，让他们无后顾之忧地为你全力工作。

第 5 章
协作能力：多部门协同作战

俗话说"三个臭皮匠，顶个诸葛亮""一个篱笆三个桩，一个好汉三个帮"，讲的都是团队协作的重要性。本章将会讲解团队协作能力的相关内容。

5.1 SEO 在企业中的角色

SEO 在企业中究竟扮演什么样的角色？

有人说 SEO 的角色有点像市场经理，需要了解市场的用户需求。有人说 SEO 的角色有点像技术经理，需要了解 HTML 语言、各种编程代码，而且自己还要会写程序。

有人说 SEO 的角色有点像编辑，需要了解目前的社会热点，然后通过内容来满足。

也有人说 SEO 的角色有点像产品经理，需要做用户调研，了解用户需求，并通过创建相关的产品来满足用户需求。

以上说法都各有道理，但是笔者认为 SEO 其实是一个跨越多个部门，并且需要多个部门配合的岗位。它并不属于哪个部门或哪个岗位，它应该独立为一个新的部门或新的岗位。

SEO 的成功与否，其实不是 SEO 人员个人的功劳，而是来自企业各部门集体的配合。

为什么这样说呢？因为搜索引擎排名的三大指标几乎覆盖了产品的方方面面。

- 先说网站的受欢迎程度，这个指标的提升与市场、品牌和公关部门有关。
- 再说网站的相关度，这个指标的提升与技术、产品和美工有关。
- 最后说网站质量，这个指标的提升与推广、编辑和运营有关。

因此 SEO 的工作需要各部门集体配合，方能产生最大的效果。

为此，笔者当年在网易开展 SEO 工作的时候，第一件事就是普及 SEO 知识，让各部门同事了解 SEO 是什么，并且知道 SEO 的重要性。花在普及 SEO 知识以及与各部门沟通的时间非常多，几乎占了一半以上的时间。笔者所做的第二件事才是制定 SEO 规范，让各部门同事根据 SEO 规范来配合 SEO 工作的开展。

假如你跳过了第一件事，在一开始不普及 SEO 知识，那么你与各部门的沟通会非常困难。因为他们并不知道 SEO 是什么，也不知道 SEO 有多重要，更不知道 SEO 对自己的工作有什么帮助。如果你直接就给他们分配任务，那么难度会比较大。更何况你只是一个普通的员工，在职位不高的情况下，凭什么让别人配合你呢？所以，一个优秀的 SEO 人员，一定是一个懂得分享知识、懂得与别人配合的人。

最后总结一下，SEO 在企业中的角色就是发起 SEO 需求，并让其他部门配合完成 SEO 需求。

5.2   SEO 与产品、交互、视觉

在互联网公司，特别是大型互联网公司中一般都特别重视产品经理这个岗位。产品经理是一个项目的灵魂人物，负责市场调查并根据用户的需求确定开发何种产品，选择何种技术和商业模式等。

你知道如何利用 SEO 思维做产品吗？笔者记得之前看过一篇文章，说小米路由器产品经理通过 SEO 思维收集用户需求，最终设计出了符合用户需求的产品。

本节将教大家如何利用 SEO 思维做产品。

5.2.1　利用关键字工具了解你的客户需求

这里推荐的关键字工具是百度指数。百度指数的网址为 index.baidu.com。通过分析关键字的热度，可以知道你的产品曾经、现在或者将来是否受欢迎。另外还可以通过百度相关搜索和 SEO 关键字工具等了解更多的长尾关键字，挖掘更多的用户需求。

5.2.2　网站地图

从产品角度来看，一个产品需要做一个产品地图。那么从 SEO 的角度来看，一个网站也是需要一个网站地图的。网站地图的制作除了能提升用户体验外，还有一个更主要的目的是方便搜索引擎蜘蛛对网站进行收录和索引，能让搜索引擎对整个网站架构有一个清晰的了解。例如，虎勇网的网站地图如图 5-1 所示。

图 5-1　虎勇网网站地图页面

5.2.3　面包屑导航

如图 5-2 所示，网站的面包屑导航为：大型网站 >SEO 故事 > 正文。

我们知道，网站的面包屑从产品的角度来讲是让访客知道自己所处的位置。从 SEO 的角度来看，导航如果包含了关键字，则有利于搜索引擎排名的提高。

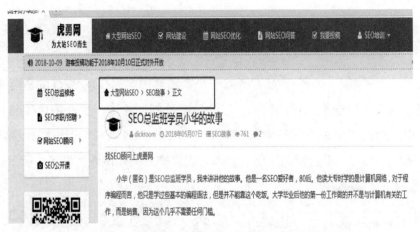

图 5-2　面包屑导航举例：虎勇网面包屑导航

5.2.4　交互体验

我们知道，从产品的角度来讲，好的交互体验能够提升用户体验，能够延长用户对产品的使用时间，减少跳出率；从 SEO 的角度来看，好的交互体验，实际上就是提升网站的质量，从而能够提升网站关键字的排名。

5.2.5　视觉体验

从产品的角度来讲，好的视觉体验能够提升用户体验，能够增加用户的停留时间，减少跳出率；从 SEO 的角度来看，好的视觉体验，实际上就是提升网站的质量，从而能够提升网站关键字的排名。

以上几点只是说明 SEO 思维能够为产品提供指导意义。反过来看，产品做得好，也能有利于 SEO。

既然产品做得好对 SEO 有利，那么当我们处于职场时，产品在什么情况下需要提前告知 SEO 人员呢？有以下几种情况：

1. 策划新页面

为什么策划新页面需要提前告知 SEO 人员呢？因为一个新页面意味着需要部署新的关键字，而关键字的部署是需要 SEO 人员经过一定的分析才能最终确定的。

2. 网站改版

网站改版有小范围的改版，也有大范围的改版。大范围的改版如果没有提前告知 SEO 人员，会造成非常大的影响。

3. 启用新域名

启用新域名需要慎重，并且一定要提前告知 SEO 人员，否则会造成非常大的影响。比如笔者在 500.com 集团的时候，集团曾经决定启用新域名 500.com，并且取代老域名 500wan.com。当笔者知道这个事情后，立刻给公司的所有高层领导发邮件，阐述如果用新域名替代老域名将会带来怎样的后果，将会给公司造成怎样的损失。高层领导看到我的邮件后，经过慎重考虑，虽然最终仍然启用了新域名 500.com，但是并没有完全替代 500wan.com，至今你看到的仍然是两个域名共存的状态，如图 5-3 和图 5-4 所示。

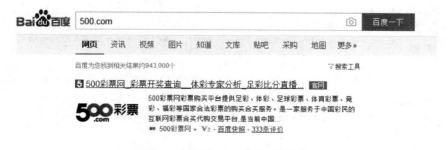

图 5-3　500.com 百度搜索结果

图 5-4   500wan.com 百度搜索结果

4. 导航调整

当网站的导航调整时，一定要告知 SEO 人员，否则会造成非常大的影响。例如笔者之前在 500.com 集团的时候，有一次网站更新，把底部的导航不小心给弄没了，最终导致一个 10 万级别的关键字排名下降，损失了很多流量。之后笔者发现了这个问题，立刻让产品恢复了这个导航，排名又很快恢复了。为此，当时我还在自己的 QQ 空间里发表了一篇《彩票界最热门关键字的"生"与"死"》日志，如图 5-5 所示。

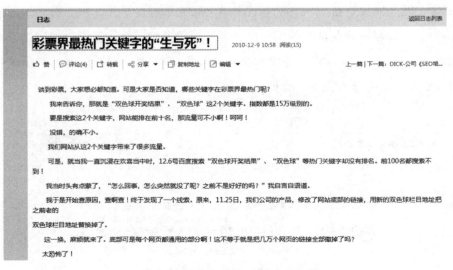

图 5-5   笔者 QQ 空间里的日志截图

综上可以看出，SEO 离不开产品、交互和视觉的配合。一个产品体验做得好的网站，对于 SEO 也是非常有利的。

5.3　SEO 与技术、运维

在互联网公司，无论是产品经理也好，运营经理也罢，最终他们的需求都要靠谁来满足呢？那就是技术。如果一家互联网公司没有核心技术，几乎谈不上是互联网公司。为什么呢？因为在互联网上做事情，几乎最终都要落实到技术实施上。好比一座高楼大厦，设计得再好，也需要包工头组织工人来施工一样。技术负责人就相当于包工头，而普通技术人员就相当于建筑工人。

SEO 这个在搜索引擎诞生之后出来的新职业当然也不例外，也是需要技术的最终实施。于是，在互联网公司，对于如何说服技术人员配合你的 SEO 工作，几乎成了一个令人头痛的问题，但是却又不得不面对它。

当年，笔者为了说服网易的技术人员配合笔者的 SEO 工作，准备了好几天的 PPT，还配上了一些容易听懂的故事，这才让他们理解了 SEO 的重要性。最终，笔者的 SEO 方案才算顺利地得到实施。

那么笔者当时都讲了哪些内容呢？ SEO 与技术、运维相关的规范有哪些呢？

当时笔者为了说明 "URL 统一格式" 的重要性，讲了一个这样的故事，故事的主题叫 "你到底叫什么名字？"，如图 5-6 所示。

有一位帅哥，他的外婆叫他 "刚刚"，因为这个帅哥从小在外婆家长大，外婆叫他 "刚刚" 非常亲切，他也习惯了。而当他在公司时，他的老板见到他叫他 "小刚"。因为老板比他大，而且在公司里老板叫其他人也是这样的，比如 "小丽" "小华"。当他跟女朋友在一起的时候，他的女朋友喜欢叫他 "胡哥哥"，可能这样叫比较亲密吧。有一天他的同事问他："你究竟叫什么名字？怎么有 3 个叫法？"而实际上，他身份证上的名字是 "胡刚"。这虽然是一个虚构的故事，但却非常好地解释了多种叫法给别人带来的困惑。

于是笔者顺便讲了常见的网站主页有 4 种 URL 地址，这 4 种 URL 地址给搜索引擎造成了困惑，最终会让搜索引擎不知道哪个才是类似于胡刚身份证名字的唯一地址，于是就会给网站降权。

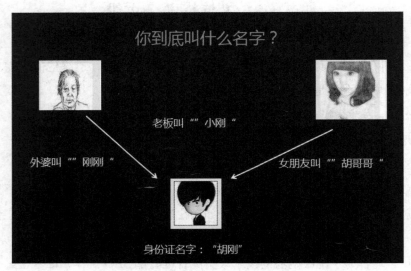

图 5-6 "你到底叫什么名字" PPT

为了防止降权，我们需要把其他 3 种 URL 的形式 301 重定向到另外一个我们认为可以代表唯一身份的 URL。

这样讲完后，网易的技术人员们一下子就理解了。

其实 SEO 与技术、运维除了刚才所说的 "URL 统一格式" 规范之外，还有其他几个规范，下面具体讲解。

5.3.1 符合 SEO 的域名标准

什么样的域名符合 SEO 的标准要求呢？这里主要列举 3 个要点。

1. 可以让别人一看到域名就知道网站的名称与主题

例如，www.baidu.com，百度公司的域名为 "百度" 的汉语拼音 baidu，如图

5-7 所示，一看就知道是做中文搜引擎的公司。为什么呢？这跟中国古代一句有名的诗词有关："众里寻他千百度。蓦然回首，那人却在灯火阑珊处。"这句诗词出自南宋词人辛弃疾之手，被大部分国人所知晓。

另外，清代著名学者王国维在《人间词话》中说："古今之成大事业、大学问者，必经过三种之境界：'昨夜西风凋碧树，独上高楼，望尽天涯路'。此第一境也。'衣带渐宽终不悔，为伊消得人憔悴。'此第二境也。'众里寻他千百度，蓦然回首，那人却在灯火阑珊处'。此第三境也。"

因而，"百度"一词，代表的就是一种国人的搜索行为，跟百度公司自身的品牌定位非常符合。

因此不仅取名非常重要，一个好的域名也一样重要。

图 5-7　百度的 logo

2. 域名包含关键字

例如，www.apple.com，苹果公司的域名包含 apple。我们先来看苹果公司本身的 logo 就是一个咬掉了一口的苹果。其品牌名称也叫 apple，不仅包含自身品牌，同时还包含水果单词 apple，可谓一举两得。另外，在品牌取名方面也非常巧妙，取了一个人人都知道、人人都认识的"苹果"名字，不得不佩服乔布斯的创新能力。

再举一个例子，小米公司的官网域名为 mi.com，但是 xiaomi.com 也被小米公司纳入了旗下。在浏览器中输入 xiaomi.com 便会直接跳转到 mi.com 首页，如图 5-8 所示。

图 5-8　xiaomi.com 的百度搜索结果

从图 5-8 中可以看出，搜索 xiaomi.com 的百度搜索结果，显示的是小米的官方网站 mi.com 的内容。

可见，小米公司在品牌名称域名保护方面做的还是非常到位的。

3. 域名简短

域名最好为 6 个字母或数字以内。例如，163.com，网易公司的域名只有 3 个数字。这个名字跟网易的品牌"网易"的中文拼音 wangyi 或者英文 NETEASE 没有任何关系，就是简单、易记。对于这样容易记忆的网址，用户当然还是愿意在浏览器上输入网址 www.163.com 来访问网易门户首页。

为了弄清楚在百度上搜索"163"的用户多，还是搜索"网易"的用户多，我们用百度指数工具（index.baidu.com）来看看这两个词的搜索指数对比，如图 5-9 所示。

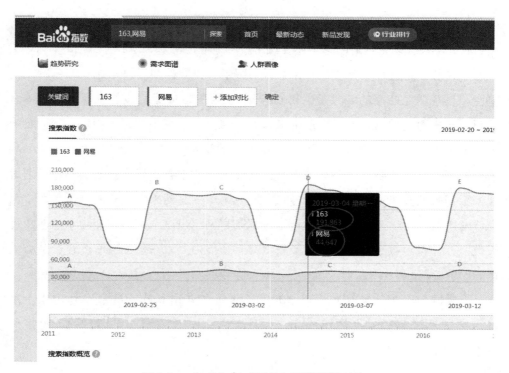

图 5-9 "163"与"网易"百度指数对比

从图 5-9 中可以看出，2019 年 3 月 4 日当天，"163"关键字的百度搜索指数为 191816 次，而"网易"关键字的百度搜索指数为 44647 次，两者的差距还是挺大的。可见，大家对"163"网址的记忆要远大于"网易"。

关于域名的选择，这里还有一个例子。我们都知道新浪的中文拼音为 xinlang，可是域名却是 sina，取了一个外国人容易记住的名字，而大部分中国人却并不知道是什么意思。当然，学数学的人可能会记住 sina 这个数学函数的单词。而记不住新浪域名的人只能在百度搜索引擎中搜索中文"新浪"一词，然后找到新浪官网去访问新浪网站。这不是白白地给搜索引擎导流量吗？

不得不说新浪在域名选择方面有些失误。后来估计是汲取了"教训"，新浪在微博域名的选择方面购买了包含中文拼音 weibo 的世界顶级域名 weibo.com，甚至连 weibo.cn 也归于新浪微博旗下。

既然大部分网民记不住复杂的域名，必然催生出域名交易市场的"火爆"。域名有时不仅代表企业的品牌，还要让用户容易记忆。

在域名方面还有一个"亡羊补牢"的例子。我们都知道京东这个知名的电商平台。京东曾经使用的域名是"360buy"，并且在 logo 里面也植入了这个域名。然而，随着网站越做越大，流量越来越大，这样一个复杂难记的网址，每天会流失大量的流量。因此京东不得不考虑启用新的简单、易记的域名。例如，jd.com 这个域名，不仅代表京东品牌的缩写，还让用户非常容易记住。起码不用再通过搜索引擎去搜索"京东"，然后再点击排名第一的官网来到京东网站的首页。而在任意浏览器中输入 jd.com，便可直达京东官网。仅这一点，就能为京东减少每天数以万计甚至数十万计的流量损失，并且还能提升京东的品牌曝光度，节省大量的广告费用。

因此网上有报道称京东花费 3000 万重金收购 jd.com。曾经有业内人士算过这样一笔账，京东收购 jd.com，预计能帮京东节省超过 1 亿元的流量推广费用。

5.3.2　文件命名规范

1. 文件夹和文件名一旦生成，在后期运营中不能修改

为什么这么说，因为做过技术开发的人都知道，开发一个网站十分不易。如果要把自己的网站架构重新调整，特别是调整 URL 方面的架构，对于大型网站来说是一件非常大的工程。

一般的大型网站，涉及的页面最少有 100 万个以上。如果需要全部修改一遍，假如没有特别有规律的模板，几乎是无法办到的事情。

2. 文件名全部为小写字母（或者字母与数字的组合）

如果该名词的英文名称是大家熟知的，可以用英文。例如，internet、ec、book 等，否则用汉语拼音（或者与数字的组合）。

- 正确举例：http://www.huyong.org.cn/sitemap.html，这里的 sitemap 就是网站地图的英文单词。
- 正确举例：http://www.huyong.org.cn/tougao.html，这里的"tougao"就是中文"投稿"的汉语拼音。
- 错误举例: http://www.huyong.org.cn/A2.html，这里的 A2 包含了大写字母 A，因此属于错误命名。

3．文件夹字符数不宜过长，超过 3 个汉字的可以用英文单词、汉语单拼或拼音缩写

比如，changxiaoshu 就太长了，最好不超过 10 个字符。可以用 books 、shu 等相近词汇或 cxs；再比如 kuangquanshui，可以用 water、shui 或 kqx。

- 正确举例：http://www.huyong.org.cn/seogkk/，这里的 seogkk 就是 SEO 公开课的汉字拼音缩写，由于 SEO 没法缩写，因此只能把"公开课"缩写为 gkk。
- 错误举例：http://www.huyong.org.cn/book/kandianying.html，这里的 kandianying 为"看电影"的中文拼音，显得有点长，不方便用户输入，因此建议修改为 kdy 或者 movie。

4．内容页可自动生成编号

文章内容页面如果不是热门词汇，不必手工填写文件名，可自动生成编号。例如，新浪的文章详情页为：

http://blog.sina.com.cn/s/blog_453cb413010008w8.html

这里的 453cb413010008w8 这个属于系统自动生成的编号。

例如，网易新闻的文章详情页为：

https://news.163.com/19/0324/22/EB2L8LDN000189FH.html

这里的 EB2L8LDN000189FH 属于系统自动生成的编号。

例如，虎勇网的新闻文章详情页为：

http://www.huyong.org.cn/2389.html

这里的 2389 属于系统自动生成的编号。

由于篇幅有限，这里只列出了部分规范内容。其实还有很多技术与运维的规范，这里就不一一举例说明了。本书重点是培养 SEO 思维，因此不会讲太多操作层面的细节内容。如果以后有机会，笔者可以再出一本侧重于实操的 SEO 教程。

5.4 SEO 与内容运营、编辑

说起内容运营岗位和编辑岗位大家都不陌生，并且大部分互联网公司也都有这两个职位。内容对于搜索引擎来说是非常重要的，因为搜索引擎自己不创造内容，它只是把别人的内容整合起来，供需要的人搜索。那么在一家互联网公司里，如何与内容运营人员和编辑人员开展 SEO 工作呢？这里就拿编辑岗位来举例吧。

5.4.1 要明白编辑的考核目标是什么

编辑的考核其实主要是页面阅读量的多少。那么如何提升页面的阅读量呢？有几种办法：第一种办法是想办法在网站首页、频道首页、网站的广告位等位置尽量增加入口。这个办法需要获得领导的同意。第二种办法是想办法跟其他网站谈合作，互相推送文章，在文章的底部放上自己文章的网址。这个办法的弊端是其他网站不那么容易接受你，而且也需要时间积累人脉和信任度。第三种办法就是靠 SEO 了，通过 SEO 从搜索引擎上带来流量。这个办法不仅省事，而且见效还快。

当编辑人员知道可以通过 SEO 提升自己的流量，而且还很方便时，是不会拒绝和 SEO 人员合作的。他们想知道，你是如何帮他们提升 KPI（关键绩效指标）的。

这时候，就需要你给他们做一些关于编辑人员的 SEO 规范培训了。

5.4.2 编辑的 SEO 规范

1. 标题

标题最好包含关键字、尽量加粗

2. 关键字

提炼文章中的关键字约 3 ~ 5 个，最好 3 个以内。关键字可多拓展使用长尾关键字。

例如，彩票，可扩展成为中国彩票、彩票网和福利彩票等。

注意：关键字一定不要离题。

3. 摘要

摘要（描述）一定要包含关键字，一般的程序会自动把第一段作为文章的摘要（大部分网站都有这个功能）

4. 段落

文章第一段一定要出现关键字，最好在第一行就出现，整篇文章中出现的关键字尽量多一些，最好不少于 3 个。关键字密度控制在 2% ~ 8% 为宜（这里的值只是一个参考值）。一般为第一段、中间段落、末尾段落各出现一次以上的关键字即可。

同时，一篇文章不易过长，最好能在一屏内显示。对于鼠标滚轮滚动两次仍不能看完全文的文章，最好将其拆分为两篇文章单独发布。例如，可以将一篇文章分为上、下两篇发布。

5. 图片

图片一定要添加替代文字和提示，并且在图片的正下方写上图片描述。

HTML 代码如下：

<img src=" " alt=" 替代文字 " title=" 提示文字 " >

6. 原创

搜索引擎喜欢原创文章，用户也喜欢原创文章。一个网站质量的高低，完全看其原创内容的多少。因此，建议尽量多发一些原创内容，最好每天一篇以上。

7. 定时更新

每天在固定时间发表文章，搜索引擎就会在固定时间来抓取。最少每天要更新一篇文章。或者保持更新频率。比如，如果你每天发 3 篇文章，那么就要保持每天发 3 篇文章的频率。

定时更新的目的主要是想让搜索引擎对你的网站有一种确定感。其实从人的角度来说，确定感能给人带来安全感。我们为什么觉得家有安全感？因为家是一个非常固定的地方，是我们的避风港，给人很确定的感觉，不会忽然就不见了或者不存在了。

当你做好了编辑人员的工作，给编辑普及了 SEO 规范，你的工作就结束了吗？其实还没有结束，你还需要制定编辑人员的内容更新计划，让编辑人员根据你的计划来更新内容。

以上就是笔者在大公司工作时与内容运营和编辑人员如何开展工作的方法，仅供大家参考。

5.5 SEO 与市场、品牌、公关

我们先谈谈市场，这里的市场指的是市场部。笔者之前在 500.com 集团做 SEO 的时候就是划分到市场部的。那么市场部与 SEO 有什么关系呢？为什么当时 SEO 会划分到市场部？

要解答以上两个问题，我们先要了解市场部的职责。当时在 500.com 集团，市场部的职责主要就是负责拉新。所谓拉新，就是负责新增注册用户的增长与新注册用户的销量。而 SEO 对于提升新用户的增长，效果特别好，不仅注册用户多，转化率也高。这里的转化率指的是转化为付费用户的概率。

5.5.1 市场部规范

那么市场部在哪些方面需要与 SEO 进行配合呢？下面介绍。

1. 商务合作

当我们的商务或 BD 人员与其他网站进行合作时，涉及友情链接、商业链接（有

广告或商业价值的链接）、图片链接及视频链接的部分，需要告知 SEO 人员。为什么呢？因为有些链接需要经过 SEO 处理，以减少权重的流失。有些链接需要加上统一的锚文本，来提升关键字的排名。

2．营销推广

当我们进行微博营销、SNS 营销、博客营销、EDM 营销时，都需要邀请 SEO 人员参与，甚至有时候要提前告知 SEO。为什么呢？因为站外发布的内容也是需要进行搜索引擎优化的。另外，有些内容用户看完后可能会通过搜索引擎搜索某些关键字来了解更多的内容。这时，你需要提前做好关键字的部署。

5.5.2　品牌、公关部规范

说完市场，接着说一下品牌、公关部门在哪些情况下需要与 SEO 进行配合。

1．品牌推广

品牌部在进行品牌推广前，需要提前让 SEO 人员参与，让 SEO 人员了解整个品牌宣传的目的。SEO 人员会根据品牌推广的内容，模拟用户进行关键字的提炼，提前做好关键字的部署，防止流量的流失。

2．软文营销

品牌部在进行软文营销时，需要告知 SEO 人员，SEO 人员可以帮助提升软文的关键字排名。

3．事件炒作

品牌部在进行事件炒作时，需要提前让 SEO 人员参与，原因与品牌推广一样，不再赘述。

4．危机公关

公关部在进行危机公关时，需要 SEO 人员帮忙清除搜索引擎上面搜索到的负面信息。而为了防止危机的发生，需要 SEO 人员把用户可能搜索到的负面关键字提前进行关键字部署并占领搜索引擎的前几页。仅搜索引擎负面信息删除这一项，就养活了一大批公关公司。

关于市场、品牌、公关人员如何与 SEO 人员配合，到这里就基本讲解完了。但是除了这三个部门的配合外，基于 SEO 人员本身也需要主动做一些品牌维护的事情。

例如，笔者当年就帮 500.com 集团做了一个"500wan 彩票网"的百科词条，另外还优化了多个品牌相近的词。其中有一个"山寨"词"五百万彩票网"，我把它优化到了搜索引擎排名第一的位置。这个词当时给 500.com 集团带来了数百万的销量。

总之，SEO 对市场、品牌、公关的作用是非常大的，它能维持品牌的行业地位，减少品牌流量的流失，提升品牌形象。

5.6 案例：网易彩票的异军突起

2012 年 5 月，笔者加入了网易彩票，其当时属于网易电商旗下的一个项目。笔者当时之所以选择网易公司，有以下几个原因：

- **原因 1**：主要是想挑战一下自己。因为自己从来没有操作过一个网站，从零开始优化到行业第一。
- **原因 2**：网易是当时互联网排名第 4 的公司，虽然不是 BAT，但也是非常有名气的互联网巨头之一。我如果能加入网易，就可以学习大公司是如何运营、如何管理，以及如何做产品的，可以学到很多知识。这些知识是花多少钱都买不到的。
- **原因 3**：当时的 500.com 集团（前身为 500wan 彩票网）已经停止在网上售卖彩票了，主要是为了上市做准备。而网易彩票却继续卖着彩票。试想一下，如果你从事的工作不能给公司带来效益，那是非常没有成就感的事情。

基于以上 3 个原因，笔者决定加入网易，由此迎来了我的 SEO 职业生涯的巅峰期。

笔者进入网易的第一件事情，就是在之前的章节中说到的给公司同事普及 SEO 的知识。当时我花了大量的时间做 PPT，并且给 PPT 取了一个非常好听的名字，叫"免费流量的秘密"，后来我还用这个 PPT 经常给其他人做 SEO 普及。

网易的同事，很多都是行业精英，大部分都是有着名校背景的。例如北大、清华本科或硕士毕业的比比皆是。由于本人的学校非常一般，都不好意思问别人是哪个学校毕业的，因为一问就是名校，被"打脸"多次，就不敢问了。

和这样一群比自己牛，比自己聪明的人在一起工作是怎样的一种体验？你会感觉到自己特别需要寻找一种存在感。

刚开始，会有很多人怀疑你，觉得这样不行，那样不行。因为他们没有见识过 SEO 的厉害，也不懂什么叫 SEO。要想说服他们通过你的方案并且配合实施你的方案，这可不是一件容易的事情。

于是，我与网易电子商务部和技术部做了一次经验交流分享，主题就叫"免费流量的秘密"。当时在偌大的演讲室里，一个可以容纳 200～300 人的地方竟然座无虚席。在分享的过程中，比我高好几个职级的 Leader 们，竟然都在做笔记，而且听得特别认真。我看到这样的场景后，知道我的分享是成功的，目的达到了。

确实，在那次 PPT 分享会之后，其他组（网易的组织架构单位）对 SEO 的配合非常到位，而且几乎都没有质疑声了。

首先，编辑人员按照我的计划，每天定期发布原创内容。然后，产品经理按照我的要求制作了交互设计稿。接着，美工人员完成了页面的切图与交互稿。前端技术人员配合完成了前端页面的设计和标签的优化部署。后端技术人员完成了 URL 生成规则。最后，运维人员发布到了测试服务器，测试成功后再发布到了正式的环境中。

就这样，SEO 的项目上线了，在全体电子商务部和技术部人员的配合下，不到半年的时间，让网易彩票的流量从 0 达到了日均 20 多万 IP，超越了 500wan 彩票网，成为同行业第一。

如果没有全员的配合，SEO 是无法在短期内发挥如此大的威力，能在不到半年的时间超越了同行业中的佼佼者。这证明了团队协作的重要性，因为团队能力大于个人能力。

第 6 章
创新能力：发现新要素

创新能力无论在哪个行业都是一项非常重要的能力。无论你从事的是文学、物理、计算机或是农业，要想在这个行业有一席之地，都离不开创新。本章将会讲解 SEO 如何创新、如何发现新要素方面的知识，并结合笔者自己经历的两个成功案例和一个行业案例进行讲解。

6.1　一些你不知道的 SEO 要素

有人说，SEO 的那些要素我都记得呀，不就是标题、关键字、描述、加粗标签这些吗？

有人问，你说的新要素指的是搜索引擎蜘蛛日志吗？

还有人问，你说的新要素指的是用户体验吗？

为了解答上面的疑问，本节将告诉你一些你不知道的 SEO 要素。

6.1.1　标题要素的创新

标题是非常重要的部分，许多 SEO 从业者到目前为止对于标题究竟该怎么写才能让 SEO 效果最大化其实是没有概念的。

对于如何写标题，可以有一千种写法，但是这一千种写法都是基于以下的逻辑支撑：

对于新页面和标题的写法主要根据关键字的目标、关键字的竞争度、关键字页面的最大关键字覆盖度来写。因为需要非常多的篇幅来讲，这里就不一一展开讲解了，想了解的可以私下咨询我。

对于老页面和标题的写法这个时候就要根据历史数据的表现情况、新的关键字的部署可能造成的影响来做一个权衡。具体也不一一展开了。

另外，对于标题关键字的优化要素，大家都知道标题包含关键字，但是对于如何包含关键字是没有概念的。根据笔者多年的经验，只有放在首位或者最前面位置的关键字，效果才是最优的。

总结一下就是：标题最前面的位置一定要包含关键字。

6.1.2　关键字、描述要素的创新

当你知道标题要素"套路"的时候，关键字和描述要素的套路也是一样的。这里笔者的总结是这样的：关键字、描述最前面的位置一定要包含关键字。

6.1.3　URL 要素创新

这里我们先说一下 URL 的天然优势：

顶级域名 > 二级域名 > 三级域名 > 目录 > 文件名。例如：

163.com>caipiao.163.com>zx.caipiao.163.com>capiao.163.com/zx/>capiao.163.com/ssq.html

因此采用比竞争对手更好的 URL 形式，才是制胜的法宝。

所谓的"首页优势""二级域名优势""一级目录优势"都是出自这个逻辑。

一句话总结：采用比竞争对手更好的 URL 形式。

6.1.4　内容创新

● 法则一：比竞争对手的内容更好；

- 法则二：比竞争对手的内容更多；
- 法则三：比竞争对手的更新频率更快。

一句话总结：内容要比竞争对手更好、更多、更新、更快。

大家仿佛听到了京东 slogan 的 "多、快、好、省"，其实这世界上大部分的道理都是相通的。

当然还有其他很多要素是你不知道的，这里只是例举了一部分。

6.2　案例：美丽说的内容创新

讲之前，先介绍一下美丽说。美丽说是国内最大的淘宝客（淘宝的网站联盟，也叫淘宝分销联盟）网站，它主要帮助淘宝卖家通过搜索引擎推广产品来获得佣金。它推广的范围包括服饰、化妆品和家居等。据 2013 年的数据显示，美丽说每天的 PV（页面浏览量）有 6000 多万，一天有 600 多万的 IP 进入它的网站。

如果你是一名 SEO "老兵"，应该知道美丽说当年在 SEO 行业有多风光。2012 年和 2013 年间的 SEO 圈、站长圈及各大媒体几乎都对美丽说进行了报道与分析。可以说当年做 SEO 的人，基本都会把美丽说作为成功案例来分析。连国内 SEO 界的领军人物 Zac，都在第三届 SEO 排行榜大会上对美丽说进行了 SEO 点评，赞不绝口。

美丽说的成功，可以说大部分是依赖于 SEO 的成功。而 SEO 的成功原因，不同的 SEO 人有不同的观点。

有的 SEO 人指出美丽说是因为对搜索引擎与用户界面采用了两套代码，一套利用 SEO，一套利用用户体验。两种方式的完美结合，造就了 SEO 效果的最大化。

也有的 SEO 人指出美丽说的成功来自于其网站架构比较清晰、内容比较丰富，加上丰富的标签页，能够聚合不同主题的内容。

还有的 SEO 人指出，美丽说的成功来自于其利用了百度分享，让美丽说可以分享到微博、QQ 空间、人人网等社交平台，提升了网站的链接流行度。

笔者认为，美丽说最大的成功在于内容创新。为什么这么说呢？让我们一一分解。

6.2.1 宏观层面

百度与阿里巴巴是竞争关系。淘宝网屏蔽了百度的抓取。而美丽说属于淘宝客的方式，它利用百度流量，赚取阿里巴巴的佣金。百度为什么会允许这样的事情存在呢？因为百度公司不是一家电商公司，而它又需要满足用户的电商搜索需求。怎么满足呢？必然需要大量的电商内容来满足。而美丽说、蘑菇街等淘宝客平台就满足了百度对电商内容的需求。

6.2.2 微观层面

美丽说如何进行内容创新呢？由于本人从事过平台运营，做过4年多的运营总监，知道内容运营的几种模式，下面一一介绍。

1. 自编辑模式

大部分个人站长其实采用的就是自编辑模式。个人站长从网上搜集各种资料，然后进行加工整理，最后发布到网站上供用户阅读和使用。

2. UGC 模式

比较典型的就是A5站长网，它有一个投稿的功能，让普通用户可以通过投稿，让自己的文章能够上首页，或者被其他用户看到。对于普通用户而言，这是一次曝光自己、提升知名度的机会。笔者之前就写过几篇关于SEO的文章，并投稿到A5站长网上，现在还能搜索到。而这些文章当时也给自己带来了一点小小的知名度。

3. PGC 模式

PGC（Professionally Generated Content，专业生产内容），就是让意见领袖入驻或供稿，因为他们写的文章更专业，这样更有影响力和说服力。

而美丽说网站其实用的就是 PGC 模式。当年在美丽说 600 万会员当中，有 3 万名意见领袖。也就是这二百分之一的意见领袖，不仅产生了源源不断的原创且高质量的内容，还创造了大量的美丽图片，相当于雇佣了 3 万个编辑和 3 万个美工为美丽说打工。你说别的公司怎么拼得过美丽说呢？

我们在 6.1 节中提到了内容创新就是内容要比竞争对手更好、更多、更新、更快。而美丽说在这里就很好地符合了这个 SEO 要素。

当然，美丽说在其他方面的 SEO 做得也不错，但是从笔者多年的 SEO 经验来看，以上几点才是美丽说 SEO 成功的秘密。

6.3　案例：一呼百应网站的死灰复燃

本章中的案例会比较多，因为讲创新，不结合案例来讲大家是很难理解和认同的。6.2 节中讲的是行业中的案例，本节讲的是笔者一手操盘的案例。

2013 年下半年，笔者来到了广州，加盟了一家 B2B 公司，这家公司的名称叫一呼百应（见图 6-1），是一家类似于早年的阿里巴巴的企业，专门给中小企业做黄页信息、企业信息推广。

图 6-1　一呼百应 logo

在加盟这家公司之前，该公司的网站近 3 年多以来其网站流量一直没有增长过，甚至还有一些下滑。听当时的领导说，公司换了 27 位总监，也没有把流量做起来。

笔者加盟之前，对这个网站做了一个简单的分析，觉得这个网站还是有点基础的，应该有机会可以做到百万级流量。加上笔者当时在 SEO 业内名气正旺，年少轻狂，非常有信心地加入了这家公司。毕业四年的我就这样当上了 B2B 平台运营总监。对于同辈的年轻人来说，这也许是一件令人羡慕的事情，对于我来说则是一件非常具有挑战的事情。

于是我按照自己正规、系统的 SEO 方法，花了 1 个多月时间的分析，对网站进行了全方位的诊断，并且期间还对很多老员工进行了咨询，了解网站之前做过哪些改版或调整等历史。

很快，问题就浮出水面。还记得 5.3 节里讲到的"你到底叫什么名字"的故事吗？说的就是胡刚被很多不同的人叫不同名字的故事，而其实他的身份证名字就叫胡刚。网站也是一样，URL 对应的内容一定要唯一，不要一个内容对应多个 URL。

一呼百应网站的问题就是胡刚故事的翻版。不同的是，一呼百应网站内有非常多的"胡刚"被叫成了另外的名字。其实就是一呼百应网站有两个频道，内容几乎一模一样，但是却用着两套不同的 URL，并且一个频道对应的 URL 则是几百万、上千万个页面。也就是说，有上千万个"胡刚"被叫成了另外的名字。

如果不是我对 SEO 的每个要素都理解而且能灵活运用，是根本发现不了这个问题的。

这虽然是一个非常显而易见的问题，但是这个问题一呼百应网站的人竟然觉得不重要。有时越是简单的常识，往往越容易被大家忽视。

前面的 27 位总监可能都没想到，真正的问题竟然是这样一个不起眼的小细节，可是往往细节决定成败！

很多 SEO 人看完我录制的视频《SEO 思维 30 讲》之后，可能都会有同样的感受，那就是"怎么就这么简单，我怎么就没想到呢？"

其实，不是他们没有想到，而是他们没有做到，或者没有去做过。即便做过，也没有深入思考和总结过。这就是高手与普通选手的区别。

找到问题后，接下来就是执行了。这个执行也是一个非常大的问题，因为涉及的面比较广，涉及产品部、技术部等部门。各部门的领导都不敢执行，说必须公司领导拍板才执行。于是我亲自去找公司领导，说明了理由后，领导欣然批准了。现在看来，当时领导对我还是特别信任的。

于是在执行后的不久，网站流量就开始暴涨了，不到半年的时间，流量翻了几翻，达到了百万级流量。这个案例成为了我 SEO 职业生涯中让又一个里程碑式的案例。这个案例本来只在笔者的线下高级培训班分享，但是为了让大家能够更好地学会 SEO 思维，为了推行白帽 SEO 的思想价值观，为了在 SEO 圈内营造一种积极的氛围，笔者特意在本书里进行了分享。

6.4 案例：葡萄酒网的"小米加步枪"

这一节，继续讲笔者的案例。理论与实战还是有差距的，大部分的"牛人"都是实战出来的，而不是靠研究别人的理论成功的。例如，乔布斯和马云都是靠实战成功的，而后又通过实战总结出了一系列成功的经验，被大家学习和借鉴。

2016 年底，笔者加盟了葡萄酒网，成为葡萄酒的合伙人。当时的葡萄酒网已成立一段时间了，但是流量没有一点起色。

葡萄酒网是一家不到 30 人的公司，老板也没有很多的资源和财力。跟我之前在大公司的情况完全不一样，比起 500.com 集团、网易、一呼百应这些大型或中型公司，几乎就是从零开始。没有网易那么好的外链和内容资源，以及团队执行力，也没有一呼百应那么好的基础流量。我应该怎么发挥呢？

笔者虽然没有了当年的年少轻狂，但已经步入了而立之年的我多了几分成熟与稳重，仍然是一个非常喜欢挑战的人。

加入葡萄酒网，笔者看重的其实不是合伙人这个头衔，以及所谓的股份和将来的高额回报。笔者看重的是经验的积累和个人的成长。

这也是我在 2018 年决定自己出来创业的原因。职场中我从专员、经理、专家、总监到合伙人一路走来（如图 6-2 所示），到最后走上了创业之路。

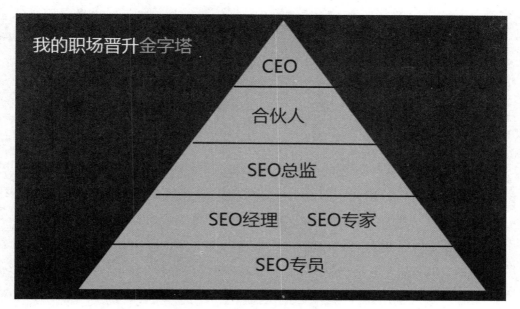

图 6-2 我的职场晋升金字塔

现在说回我当时加盟这家葡萄酒网公司之后，做了哪些事情吧。

其实，仍然用的是笔者的那套科学的 SEO 方法。笔者花了几个星期的时间对网站进行了一个全方位的诊断，并且给出了一些解决方案。具体是这样的：

利用机会判断（见 4.1 节）提到的机会判断分析法，我了解到竞争对手的一个弱点，那就是内容更新的频率特别低、内容更新量特别少，虽然质量特别高。

发现竞品的这一个弱点后，我觉得我们有机会"打败"对手，只是时间的问题。

制定完战略后，接下来就是战术和执行的问题。

战术的问题这里暂不讲解，因为本书主要是探讨 SEO 思维，涉及战略和思维层面的内容会更多些。下面说一下执行的问题吧。

利用协作能力，也就是我们第三个模块讲到的能力，笔者开始动员一切能动员的力量。

笔者利用 5.4 节里面讲到的方法，对编辑人员进行培训，并在全公司范围内推广 SEO 知识，让他们知道 SEO 的重要性。

笔者让所有的编辑人员全部为 SEO 服务，并且让产品给 SEO 需求排为最高优先级，并不断地说服与督促技术人员尽快地实施与上线。

通过编辑这样的"小米"加技术这样的"步枪"，不到 3 个月的时间，网站的流量就开始增长了。不到 1 年的时间，我们的网站就成为了葡萄酒互联网行业的第二名。按照这样的发展速度，第一名被超越也只是时间的事情，只要对手没有发现并弥补自己的弱点，我们的葡萄酒网站就有机会。

果然不出我所料，2018 年葡萄酒网来自搜索引擎的流量超越了新三板上市公司"红酒世界网"，成为该行业来自搜索引擎流量的第一名。

听到这里，你是不是觉得，SEO 原来并不难，掌握了 SEO 的思维，学会 SEO 方法，似乎人人都可以学会 SEO。

不错，SEO 本来就是一件人人可以学会的事情，它并不难，只要你的思维是对的，方法是对的，基本就能做成功。

有的学员会问，如果心术不正的人是不是就可以用这样的技术来"做恶"呢？确实有一些人利用这样的技术到处"做恶"，包括目前的 SEO 行业内也到处充满了黑帽 SEO 的身影。但是你想知道这么做的后果吗？第 7 章"边界能力：SEO 禁忌"笔者会告诉你。

第 7 章
边界能力：SEO 禁忌

马云说："一个人知道什么不能做，比知道做什么还重要。"

在前面的章节中，笔者一直教大家"要做什么"，本章要教大家的是"不要做什么"，而不是"要做什么"。本章主要介绍 SEO 的边界能力，以及 SEO 有哪些禁忌。

我们先谈谈内容禁忌，这也是本节的主要内容。

7.1　内容禁忌

大家都知道，内容对于搜索引擎是非常重要的。而内容这个版块的知识，更多的是与网站内容运营相关的。

对于 SEO 人员，如果不懂内容运营会不会非常吃亏呢？不仅非常吃亏，可能还是"致命"的。

为什么呢？因为他们会单纯地仅仅为了 SEO 的需要而去创造内容，而完全不考虑用户的感受。

7.1.1　"复制"加"粘贴"

最早的一些 SEO 人员为了提升网站的收录比例，经常从别的网站原封不动地把内容复制、粘贴过来。就这样积累了大量的收录页面，从而带来了大量的流量。

而最早的搜索引擎技术并不成熟，并没有发现这个问题，因此被有些人钻了空子。

但是，随着搜索引擎技术的更新，搜索引擎能很快识别出这些内容是否是抄袭了其他网站的内容，对于这样的网站，搜索引擎会给予"降权"或者直接 K 站处理。

7.1.2　修改标题

后来，这些 SEO 人员"学聪明"了一些，不是直接复制粘贴，而是对标题进行修改，对段落部分几乎不做修改。这样虽然浪费了一点时间，但是搜索引擎仍然会收录。于是通过这种方式，网站的收录量又开始增长了，流量也跟着增长了。

可是不久，搜索引擎又更新了算法，对于这种简单地修改标题，几乎不做段落修改的网站，给予了很低的排名权重，也就是"降权"处理。网页虽然被收录，收录数量虽然大，但是页面本身的权重非常低。也就是说，虽然你的网页被收录了，但是搜索关键字却搜索不到你的网页。

7.1.3　断章取义

当这些 SEO 人员发现搜索引擎对标题能够识别时，开始对内容部分进行"欺骗"。于是他们开始对内容部分进行"断章取义"，这个网站复制一段，那个网站复制一段，最终东拼西凑成了一篇文章。可是这样花费的时间跟自己编辑一篇文章的时间几乎差不多。

于是，喜欢偷懒的技术类 SEO 人员，开始利用爬虫工具代替人工的复制粘贴，把需要复制的网站地址输入到数据库中，由机器直接批量访问，批量把标题和段落粘贴进数据库，最终通过模块的组合，批量生成一个又一个网页内容。

靠着这样的方法，诞生了很多 SEO 创业者和靠 SEO 为生的公司。这种现象维持了数年时间。

直到 2017 年 7 月 4 日，百度推出飓风算法，由此一大批网站的流量开始暴跌，有的网站直接就被 K 站。我身边有几个朋友的网站从几百万流量几乎变成了 0。

后面笔者会详细介绍百度飓风事件。

7.1.4 作弊的原因

为什么会这样？因为他们的 SEO 价值观本身就是错误的。后面笔者会详细介绍什么是正确的 SEO 价值观。

钻空子的 SEO 人员，考虑的是他们自己的利益。他们希望自己可以不用天天写文章，不用招聘专业的编辑人员来写内容帖，想要花很少的钱和时间达到流量快速增长的目的。

如果你是做内容运营的，是不能有这样的想法的。你一定要围绕用户去做网站内容，而不是为了搜索引擎去做内容。

我们把这些钻空子，但是却损害用户或者别人利益的 SEO 叫做黑帽 SEO。与其相反的是白帽 SEO，详见 3.3 节。

笔者写书的一个目的，就是为了警醒那些有黑帽 SEO 思维的人，并让大家意识到黑帽 SEO 的危害，由此宣传白帽 SEO 的益处。这也是科学的 SEO 价值观。

本节到此结束，下一节将为大家讲解技术禁忌方面的内容。

7.2 技术禁忌

我们都知道，在互联网的世界里技术是非常重要的。前面我们在 5.3 节里提到了一些与技术有关的 SEO 规范。

可是，有些技术人员知道他们要做什么，却并不清楚他们不能做什么。比如谷歌的企业文化是 Don't be evil，翻译成中文就是"不作恶"。因为谷歌这个企业里有太多太多的技术"牛人"了，如果没有道德规范的约束，那是多么恐怖的事情。

同样，对于很多懂 SEO 的技术人员，或者懂技术的 SEO 人员，也应该知道哪些 SEO 操作可以做，哪些 SEO 操作是不能做的。下面就为大家说一说常见的

SEO 技术禁忌。

7.2.1 欺骗蜘蛛

什么叫欺骗蜘蛛？就是通过技术手段，让搜索引擎蜘蛛访问的内容与用户访问的内容不一样。比如，给搜索引擎蜘蛛访问的是 A 页面，用户访问时看到的却是 B 页面，但是两个页面的 URL 却一样的。

善意地欺骗搜索引擎或许不容易被惩罚，但是恶意地欺骗搜索引擎，就会被降权或被 K 站。就好比善意的"谎言"有时是可以的，但恶意的"谎言"是不被推崇的。

7.2.2 站群

我们知道，当一个网站的内容满足不了更多用户的时候，可能就会采取新建一个网站或多个网站来填补。对于正常的业务发展需要，站群对于搜索引擎是友好的。比如太平洋网络有限公司用的就是站群的操作手法，旗下拥有太平洋电脑网、太平洋汽车网、太平洋游戏网、太平洋女性网、太平洋亲子网及太平洋家居网六大专业网站。

但是，有些恶意的 SEO 人员会利用站群来达到所谓的"霸屏"效果。他们所做的站群，仅仅是一些质量低下、批量采集、东拼西凑而成的顶级域名网站集群。并且很多开发站群的个人或公司都通过卖站群软件赚了一大笔钱。

而当搜索引擎更新算法后，他们又销声匿迹了。

7.2.3 泛域名

顶级域名做站群容易引起搜索引擎的注意，于是有些 SEO 人员开始"玩"起了站内的二级、三级域名甚至多级域名。

比如利用 6.1 节中提到的"URL 要素：

顶级域名 > 二级域名 > 三级域名 > 目录 > 文件名"，把一些无关紧要的内容也用二级域名或三级域名的方式来承载。结果，一个网站竟然有几十万个二级域名、几百万个三级域名，比我们知道的四大门户网站还多。

他们利用这一优势，快速地提升了网站的收录和排名，使网站的流量"暴增"。可是没过多久，搜索引擎更新算法，他们的网站流量一夜之间回归到原点。不仅如此，他们的网站从此从搜索引擎中消失了，再也搜索不到这些网站了。

7.2.4 刷点击

目前朋友圈盛行的"刷点击"成了"快排"的操作手法。直到本书截稿时（2019年2月），所谓的"快排"公司仍然大肆宣传自己的技术多么好，"24小时上首页""7天霸屏搜索引擎"等宣传仍然在朋友圈盛行。做"快排"的这类SEO人员，利用工具模拟用户搜索关键字并点击指定登录页，用来提升网站的链接流行度这个核心要素，从而达到排名靠前的目的。

有些人或公司靠这样的方式获利不少，但也损害了不少公司和个人用户的利益。因为他们所服务客户的网站刚开始会流量暴增，可当搜索引擎算法更新后，流量大都在一夜之间就没有了。

以上就是4种常见的SEO技术禁忌。希望大家以此为戒，不要作恶，从用户出发，做白帽SEO，只有这样才能保证你的网站流量能够稳定和持久。

7.3 外链禁忌

我们都知道，网站的受欢迎程度是网站的三大核心要素之一。而网站的受欢迎程度又跟外链有关系。

外链的数量、质量和相关度都决定着网站受欢迎程度的得分。因此，黑帽SEO人员利用他们对这些要素的了解，钻搜索引擎的"空子"。

下面介绍常见的SEO外链禁忌。

7.3.1　发布大量垃圾外链

最早一批 SEO 人员，发现外链对 SEO 的影响非常大，因此开始研发群发外链工具。这些工具能够在博客、空间、论坛和贴吧等实现批量群发，目的是代替人工的外链建设。

可是当搜索引擎的算法更新后，网站因此被降权或被 K 站。

7.3.2　黑链

有一些 SEO 人员通过"黑客"的方式入侵一些单位网站及权重比较高的网站，在他们的网站上挂链接，这样的链接称为"黑链"。一般的黑客为了防止被别人发现，用的是隐藏链接的方式（我们在 3.3 节中提到过隐藏链接）。

由于这些行为已经触犯了国家的法律，因此这些 SEO 人员也被网警抓了一批。并且搜索引擎也会对隐藏链接所指向的网站进行严重的降权处理。

7.3.3　外链购买

当我在 2009 年做 SEO 的时候，业内开始盛行购买外链。当时购买外链并不算是一种作弊手段，而是一种正规的操作方式。但是一些卖外链的平台为了获取更多的利益，将一些私服（指未经授权，私自架设服务器）、色情、非法博彩类型的网站也挂在正规的网站上卖，因此引起了搜索引擎公司的注意，于是就开始了严厉的打击购买外链的行为，对这些卖外链的网站，进行了严重的降权处理。

个人认为，合理地购买外链一般是不会受到搜索引擎惩罚的。原因在于，一个网站在初期权重并不高，只能依赖于购买高权重的外链给自己带来流量。这里说的合理购买外链指的是购买的外链相关度高、质量也好。至于外链数量，合理即可，过多或过少都不好。

7.3.4 站内链接的过度优化

站内链接的过度优化属于一个比较新的概念，也是笔者最近一年才发现的一个现象。

由于外部链接不能钻空子了，一些聪明的 SEO 人员开始钻站内链接的空子。

这是怎么操作的呢？前提是这个网站本身的权重比较高，这样传递到网站的其他页面权重就不会太低。然后就可以利用全站的所有页面，进行大量的内部链接导出。例如在底部、顶部、或者右侧加大量链接。一个非首页的网页竟然导出 1000 个以上的内部链接。

当百度算法更新后，类似这样的网站就被降权了，并且在很长的时间里，其流量都没有再增加过。

7.3.5 交换非法链接

友情链接是做 SEO 的常用外链建设手段，但是有些 SEO 人员可能因为经验不足等原因，对于与自己交换友情链接的网址没有进行是否合法、合规的判断，导致交换了一些非法的链接。这些链接被放进了友情链接这个模块，而且存放了很久。

最终，搜索引擎认为这个网站卖链接给非法网站，于是进行惩罚。似乎这个网站有些冤枉，但是搜索引擎这样处理也没有错，谁让你交换友情链接时不认真审查呢？

以上就是常见的 5 种 SEO 外链禁忌，希望对大家能有所帮助。

7.4 飓风来了，我的流量没了

这一节重点介绍百度"飓风算法"事件，给 SEO 行业带来了哪些变化。

7.4.1 飓风前的繁荣

2017 年春节前后，广州 SEO 行业圈子内（图 7-1）举办了一次聚会。参加的人员有来自太平洋网络集团的 SEO 负责人、会计网的董事长、应届生毕业网的总经理、学习啦网站的总经理等 SEO 界的"大牛"。笔者当时作为葡萄酒网的 SEO 负责人也参加了那次聚会。

图 7-1　广州 SEO 行业圈聚会单位

这次聚会，笔者发现原来还有专门以 SEO 为生的公司，而且盈利模式完全靠百度联盟来赚钱。在会上，笔者了解到有些人的网站流量一天竟然有几百万 IP 来自搜索引擎。

我首先是惊讶，然后开始感觉到我们之间的差距，于是开始向他们"取经"。经过了解我发现，他们的网站之所以每天能做到数百万级的流量，来自于他们每天都有海量的文章被收录。结合我当时所在团队每天文章的产出量，我开始以为他们至少有数百个编辑或兼职编辑在生产内容。后来我才知道他们只有几十名编辑人员。

他们只有几十名编辑，生产的内容却能达到数百名编辑的生产规模，这是怎么做到的呢？于是我开始进入了更深的思考。

经过观察他们的网站我发现，其中的一个网站里，写文章的模板似乎是一样的，文章也很通顺，文章篇幅和字数似乎是规定好了一样。

另外一个网站也很奇怪，该网站首页有大量的内部链接导出，数量比四大门户网站还多。这个网站的内容没法用原创内容，因为它做的是一个细分的信息聚合网站，内容只能从其他网站那里抓取。也就是说，这个网站无须靠内部编辑也能有海量的内容来源。这种模式是作为技术类 SEO 人员非常喜欢的模式。如果该网站定位于招聘行业，这样做没什么问题，因为招聘类网站本身发布的信息都是一样的。

可是这个公司做了一些相关度不是很高的行业内容。我猜可能有以下几种原因：

- 该公司在互联网招聘这个品类下不如其他招聘类网站做得好，所以选择换"战场"。
- 该公司发现在互联网招聘这个品类的关键词流量不够多，不能带来百度联盟收益的提升，因而公司开始"贪多"，从而忘记了自己究竟是做什么的。
- 该公司的老板可能并不知道他做错了。当一个人不知道自己做错了时才是真正的可怕。乔布斯有一句名言"Stay Hungry，Stay Foolish！"中文意思是"保持饥饿，保持愚蠢"。这里所谓的"饥饿"，是指对新知识的饥饿感，"愚蠢"就是指要不断地清空自己，把自己当白痴，才能接受新的知识。

7.4.2 飓风后的凄凉

2017 年 7 月初，百度推出"飓风算法"，百度给出的原文公告如下："百度搜索于近日推出飓风算法，旨在严厉打击以恶劣采集为内容主要来源的网站，同时百度搜索将从索引库中彻底清除恶劣采集链接，给优质原创内容提供更多展示机会，促进搜索生态良性发展。

飓风算法会例行产出惩罚数据，同时会根据情况随时调整迭代，体现了百度搜索对恶劣采集的零容忍。优质原创站点如发现站点索引量大幅减少且流量大幅下滑的现象，可在反馈中心进行反馈。"

这一公告公布后，有些网站的流量一夜之间几乎降为 0。而截止笔者写完本书，这些网站中只有一个网站的流量有恢复的迹象，也许是这个网站后面做了调整，发现了自己的问题。而另外几个网站仍然没有任何变化。如图 7-2 所示为某网站

2017 年 7 月的网站流量数据图

图 7-2　网站流量一夜之间几乎降为 0

　　受影响的不仅是我所知道这几家，整个 SEO 圈一大批牛站都走下了"神坛"。但是他们似乎非常沉默，比任何时候都沉默。因为对他们来说，那并不是一件很光彩的事情。

第 8 章
预测能力：预测未来

在本章中将教大家掌握一种 SEO 预测能力。这种 SEO 预测能力能够帮你预测 SEO 的"未来"。

有些人可能会问：未来是未知的，凭什么说你可以预测？对，未来是未知的，但是某些领域的未来发展趋势是可以预测的，比如 SEO。

8.1　SEO 如何预测未来

那么 SEO 如何预测未来呢？这里主要教大家从两个方面来预测，下面具体介绍。

8.1.1　根据关键字历史数据来预测

"智所以相过，以其长见与短见也。今之于古也，犹古之于后世也；今之于后世，亦犹今之于古也。故审知今则可知古，知古则可知后，古今前后一也。故圣人上知千岁，下知千岁也。"

以上这段话摘自《吕氏春秋》。大体的意思是"人们的智力之所以彼此有差异，是因为有的人具有远见，有的人目光短浅。今天跟古代的关系，就像是古代跟将来的关系一样；今天跟将来的关系，也就是像今天跟古代的关系一样。所以，清楚地了解今天，就可以知道古代，知道古代就可以知道将来。古今前后是一脉相承的，所以圣人能够知道上千年、下千年的东西。"（以上资料来自网络 https://shici.chazidian.com/wenyanwen56151/）

以上这段话可以概括为："要想知道过去，你得知道历史，要想预测未来，还是得了解历史"。

任何事物的发展都会从历史中找到某种规律。SEO 也是一样。你可以通过分析用户搜索的关键字历史数据，来了解用户的搜索行为，进而推导和判断用户可能会进行哪些关键字的搜索。例如，当你发现用户喜欢搜索"中国SEO""广州 SEO""北京 SEO"等这类关键字的时候，基本可以预测未来用户可能会搜索"东莞 SEO""佛山 SEO""大庆 SEO"等"城市 SEO"的组合。

8.1.2 模拟用户来预测

我们在 5.5 节中提到的 SEO 规范，目的就是让 SEO 人员参与并提前预测用户可能会搜索的关键字，提前布局。

而 SEO 人员是如何预测用户可能会搜索的关键字呢？靠的就是模拟用户来预测，也就是把自己当小白用户。例如，当一家企业在各大新闻媒体上做广告时，广告内容会让很多用户记住一些场景或者画面。有些用户记住了广告里面的网址，有些用户记住了广告里面的人物，还有些用户记住了广告所播放的歌曲。总之，不同的用户会有不同的记忆和印象。当用户想起这个广告时，如果有兴趣想进一步了解，就会搜索他脑海中记住的内容，通过关键字的方式去寻找答案。

而 SEO 要做的就是最大化地捕捉用户搜索次数最多的关键字，并提前把这样的关键字做好布局。

因为广告的播出效果都会有滞后性，当广告播出后，用户才会去搜索，这时你的用户就可以通过搜索找到你。在下一节中，我会重点讲百姓网在 SEO 预测方面是如何做的。

以上就是两种常见的 SEO 预测未来的方法，希望能够对大家有所启发。

8.2 案例："百姓网"VS"赶集网"

大家还记得在 4.5 节中提到的赶集网吗？这家公司不仅当时在 SEO 人才战略上输给了 58 同城，而且在 2011 年的地铁等传统媒体广告投放方面也被百姓网占了"便宜"。这就是所谓的"赶驴网事件"。

事件的两个主角就是"百姓网"和"赶集网"。

2011 年，在中央电视台以及全国各大新闻媒体和地铁站里能看到赶集网请某位明星拍摄的广告片。广告内容为，某女明星乐乐呵呵地赶着一头驴去赶集，并称"赶集网啥都有"，如图 8-1 所示。

图 8-1　2011 年的赶集网广告

但是有些用户没有记住赶集网，反而记住了赶驴的片段，于是搜索了"赶驴网、赶驴"这类关键字，如图 8-2 所示。

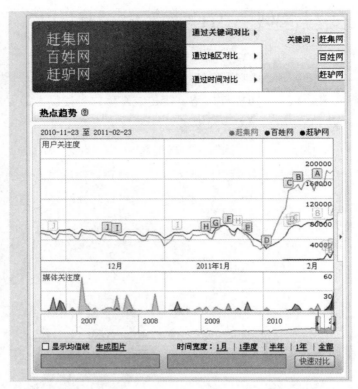

图 8-2　"赶集网""百姓网""赶驴网" 3 个词的百度指数对比图

　　"赶集网"的竞争对手"百姓网"是王建硕所领导的团队，对 SEO 非常擅长，并且在执行力方面也非常强。当时他第一时间注意到了这个情况，注册并建立了"赶驴网"网站 ganlvwang.com，该网站一度在搜索引擎排名第一，从而免费获取了不少本属于"赶集网"的流量。

　　赶集网发现这一问题后，采取了以下措施：

　　（1）针对"赶驴网事件"进行了 SEM 的广告投放，用来快速截取"赶驴网""赶驴"等相关关键字的搜索流量。可是大家都知道，SEM 的流量只占整个搜索的 20%，自然搜索的 SEO 才是"大头"。

　　（2）赶集网 SEO 想在首页通过友情链接"赶驴网"直接将链接转到赶集网的首页，以为这样可以快速地提升排名，却不知这恰恰暴露出赶集网 SEO 水平的不足。

结果是百姓网通过在"赶驴网"这次事件中免费获取了大量不属于自己的流量，并且还免费获得了许多媒体的关注和报道，保守估计，最少节省了上千万的广告费用。

"赶驴网事件"因此成了 SEO 业内经常拿来分析的案例。它说明了以下几个道理：

- 一个不重视 SEO 的互联网企业，最终必将被搜索引擎所抛弃。
- 一个不懂得与其他部门协作的 SEO，在搜索引擎中的表现很难做到 SEO 效果最大化。
- 一个不懂得预测的 SEO，必然会很被动地"应战"，结果必然是错失机会。
- SEO 表面上"拼的是现在"，实际上却是"赢在未来"。

2015 年，赶集网被竞争对手 58 同城合并，58 同城获得了赶集网 43.2% 的股份。58 同城和赶集网两家公司仍保持双方品牌的独立性，网站及团队均继续保持独立发展与运营。

这里也希望告诫那些对 SEO 非常依赖的企业 CEO 们，什么叫战略？重视 SEO 人才、重视 SEO 技术就是一种战略。

第 9 章
SEO 价值观

马云说："我们不能是一群乌合之众，应该是一群有共同的价值观、使命和目标的人。"

阿里巴巴的核心价值观是著名的"六脉神剑"："客户第一""团队合作""拥抱合作""诚信""激情""敬业"。

正因为维护公司"客户第一"与"诚信"的核心价值观，2011 年 2 月 21 日，阿里巴巴宣布清理约 0.8%（逾千名）涉嫌欺诈的"中国供应商"客户，阿里巴巴 B2B 公司 CEO 和 COO 也因此引咎辞职。（以上资料来自网络）

本章中将为大家讲解 SEO 的价值观。在讲解 SEO 的价值观之前，先聊聊我们每个人的价值观，也就是人生价值观。

9.1 为什么人生价值观大于 SEO 价值观

我们活在这个世界上，首先要弄懂我们存在于这个世界上的意义是什么，为什么而存在。当把这些问题都弄懂了之后，你就形成了自己的人生价值观。我们说，这就是你的初心。

什么叫 SEO 价值观？就是我们从事 SEO 这个工作或者事业，首先要弄懂我们为什么要做 SEO，做 SEO 的意义是什么。当你把这些问题都弄懂了之后，你就形成了自己的 SEO 价值观。

为什么人生价值观大于 SEO 价值观？因为 SEO 只是一种帮助企业提升销量、

曝光度和影响力的工具。类似于 SEO 这样的工具非常多。所以，要想有一个正确的 SEO 价值观，首先要有一个正确的人生价值观。假如你的人生价值观都被扭曲了，那么你做任何事情都是扭曲的，更别说从事 SEO 这样的一个事业或者工作了。

什么叫正确的人生价值观？不同的人会给你不同的定义。不同的人也会有不同的理解。例如，有人信仰基督教，有人信仰佛教，但是无论你信仰什么，拥有什么样的价值观，你不能作恶，不能做危害国家和社会的事情，也不能做危害人民群众的事情，这应该是我们每个人的基本原则。

那么什么叫正确的 SEO 价值观呢？那就是"永不作恶"。作为 SEO 工作者，我们应该将"白帽 SEO"进行到底。一切从用户出发，一切以用户体验为中心，满足用户的搜索体验和搜索需求。只有这样，无论搜索引擎怎么更新算法，我们都不会有风险，因为我们的初心是好的。

9.2　找到适合你的 SEO 人才和 SEO 教练

有人说，这世界"最贵"的就是人才，但是人才不是"越贵"的就越好，而是最适合你的才是最好的。本节将给那些需要招聘 SEO 人才的企业老板或 SEO 管理层提供好的经验和方法。

如果你想找一名 SEO "教练"，该如何寻找呢？在本节你也能找到答案。

9.2.1　企业老板或一把手

假如你是一家企业的老板或 CEO，什么样的 SEO 人才才适合你呢？如何找到适合你的 SEO 人才呢？这里笔者提供几点建议，供大家参考。

1. 首先要了解你的公司是否需要 SEO

有些公司可能根本就不需要 SEO，例如你开了一家纯线下的公司，用户基本不会在网上去搜索你公司的产品或服务，那么，在这样的情况下，你是没必要寻找 SEO 人才的。

2. 你公司对搜索引擎这个渠道是否有依赖

例如，B2B 公司、分类信息公司对搜索引擎这个渠道是有非常大的依赖性的。如果你们公司对搜索引擎这个渠道有特别大的依赖性，而你却对 SEO 人才的要求或者重视程度不够高，结果可能会是灾难性的。

为什么呢？赶集网就是一个例子。如果你公司对搜索引擎这个渠道依赖性大，大部分的流量都来自搜索引擎，那么你需要找到一位有成功经验的 SEO 高手，并且像 58 同城 CEO 姚劲波那样，想尽一切办法将其招揽过来。除了给予高级职位，也可以给予股份或者期权来留住 SEO 人才。

3. 其他情况

例如，有些企业在搜索引擎的流量占比不是特别高，但是又有一定的价值。这时候，经理级水平的 SEO 人才就可以很好地满足你的需求了。

假如你是一个中小企业，来自搜索引擎的搜索量并不高，但是又有一定的占比。这时候，你可能并不需要招聘一名 SEO 人才为你所用，而是需要寻找一名好的 SEO 顾问，或者把你公司的业务外包给 SEO 外包公司。

以上 3 点建议，希望对寻找 SEO 人才的各企业老板和 CEO 们有所帮助。

9.2.2 个人

假如你是个人或职场人士，你可能属于以下几类人：

1. 第一次接触 SEO 或者接触 SEO 很少的人

如果你属于这类人，那么你首先需要做的是买本好的 SEO 书籍，先了解一下 SEO 的一些基本理论知识。

2. 接触 SEO 有 1 年以上，或者从事 SEO 工作 3 年以内的人

如果你属于这类人，建议你找一个 SEO 老师，他不一定非常有名气。有老师带，你能够快速地入门并提升 SEO 水平。

3. 从事 SEO 工作 3 年以上的人

如果你在 SEO 这个领域工作了 3 年仍然无所建树，这时就需要反省自己的 SEO 理论是否正确了。建议你找 SEO 领域比较知名的人（像我这样的也算一个），然后拜他为师，让他当你的 SEO "教练"，从头开始重新学习 SEO 理论，并按照这位高手的指导一步一步学习。

那么如何知道这位 SEO 老师是否厉害呢？有以下几种方法：

- 方法一：问问 SEO 圈子里的人他的水平如何。
- 方法二：在 SEO 权威网站上是否有他的信息或者背书。
- 方法三：了解他做了哪些成功案例，是否都是真的。

用以上 3 种方法基本就可以判断这位 SEO 老师是否是 "高手" 了。

总之，找到适合你的 SEO 教练，你才能快速入门。只有在 SEO 顶尖级教练的指导下，系统地学习 SEO 理论知识，并在教练的指导下刻意练习，你最终才能成为 SEO 高手。

第 10 章
大型网站产品运营

我们前面一直都在讲与 SEO 相关的内容。本章开始将会重点介绍与运营相关的内容。流量运营本身属于运营的一部分。作为一名首席流量官,光懂得 SEO 是远远不够的,因此就免不了要学习其他的运营方式,因为这是一个整体的系统,相互影响。

什么叫运营?运营这个词从何而来?我们来看看百度百科的解释:运营就是对运营过程的计划、组织、实施和控制,是与产品生产和服务创造密切相关的各项管理工作的总称。从另一个角度来讲,运营管理也可以指对生产和提供公司主要的产品与服务的系统进行设计、运行、评价和改进的管理工作。

目前市面上出版的很多运营类图书,主要指的是互联网运营。表面上好像创造了一个新词"运营",而实际上不过是传统营销领域的一个二次创新罢了。

我们要了解运营,先要了解营销的概念。什么叫营销呢?百度百科的解释是这样的:营销又叫市场营销(Marketing),也称为市场学、市场行销或行销学,MBA 和 EMBA 等经典工商管课程均将市场营销作为对管理者进行管理和教育的重要模块包含在内。市场营销是指在创造、沟通、传播和交换产品中,为顾客、客户、合作伙伴及整个社会带来经济价值的活动、过程和体系,主要是指营销人员针对市场开展经营活动、销售行为的过程。

笔者的理解是这样的:营销实际上就是"运营 + 销售",传统行业的产品是一定要依赖于销售的,不能靠系统或者机器去完成。但是到了互联网时代就不同了。特别是电子商务时代,无须通过人工销售就可以把货卖出去。例如,你在淘宝上买东西,有人会主动给你打电话推销吗?没有,完全是靠淘宝的首页导航、系统推荐、搜索流量分发等方式，让你快速找到自己想要的东西，并且可在线直接下单，通过支付宝在线支付，快递员就可以把东西给你送到了。整个过程当中没有传统行业的整个销售环节。

因此，到了互联网时代，特别是电商时代，传统的营销总监就变成了运营总监。实际上做的还是营销的事情。

笔者对运营的理解，特别是对互联网运营的理解（后面的运营主要指的是互联网运营，因为本书也是围绕互联网相关的内容展开的）是这样的：运营实际上就是无须人工销售的营销。简单明了。

如果想再细化说，运营就是通过拉新、留存、促活（即促进用户活跃），最终促成用户购买的整个流程。至于后面的分享也好，"裂变"也罢，无非也是为了加快这个流程，或者让拉新成本更低罢了。

10.1 产品运营的目的

我们都知道，一个网站就是一个产品。作为大型网站的产品运营，其实就是围绕网站进行产品的日常更新和迭代，要跟产品经理一起，参与产品的研发、发布和测试。

作为大型网站的产品运营，不同的网站其产品运营的目的也不同，当然，其考核目标也不同。

10.1.1 综合门户资讯类大型网站

作为门户资讯类大型网站，产品运营的主要目的就是提升网站的阅读量和用户在网站的停留时间。其实主要就是围绕内容来打磨产品，为内容的提供者、编辑者和阅读者提供服务。

综合门户资讯类大型网站常见的运营模式有 4 种，下面具体介绍。

1. 自编辑模式

网站的内容只靠网站内部人员负责生产、编辑和发布。对于这样的网站，要做好产品运营，需要围绕以下几个方向去努力。

第一个方向：走高质量内容路线，也就是"质"。例如，凤凰网、新华网走的就是高质量路线。当然，走这样的路线，投入的人力、物力和财力也是很高的。

第二个方向：走海量内容路线，也就是"量"。例如，很多中小型企业或个人站长就是通过这种方式，仅仅靠 SEO，就能获取海量的流量。在百度未推出飓风算法之前，有些站长的流量甚至达到了日均 500 万 IP 的级别。可跟新华网、凤凰网比肩。而他们投入的人力、物力和财力却非常少，有可能一年还不到 100 万元人民币，少部分可能一年只投入了几十万元人民币。如果他们能创造出对用户有价值的内容也无可厚非，可他们提供的内容往往是通过采集和抄袭的方式产生的。因此不是搜索引擎不允许这样的网站存在，而是用户不允许。如果你想向这个方向发展，一定要把握一条原则，那就是不能伤害用户体验。

第三个方向：同时走海量内容和高质量路线，也就是"质"和"量"都抓。我们知道的四大门户网站走的就是这样的路线。这种方式投入的人力、物力和财力非常大，财务投入基本都是以亿元人民币为单位。

2. UGC 模式

UGC（User Generated Content，用户生产内容）模式是指网站的内容不是由网站的工作人员生产，而是由用户提供。一般而言，贴吧、论坛和博客就属于这种 UGC 模式。例如天涯社区（如图 10-1 所示）、百度贴吧就是属于 UGG 模式。

对于这样的网站，要做好产品运营，就要围绕以下几个方向去努力。

第一个方向：做好用户的分层管理。例如，对于论坛、贴吧这种类型的网站，需要将用户分为管理员、版主（吧主），以及活跃分子、普通用户和"僵尸"用户。对于不同的用户，采用不同的运营方式。具体的方法这里就不一一展开了，大家可以自行搜索相关资料。

第二个方向：营造好的分享、交流氛围。例如，豆瓣网，已经营造出了影评和书评的交流氛围。之前的猫扑社区，营造出了各种绯闻的交流氛围。

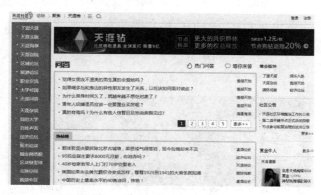

图 10-1　天涯社区论坛首页

3. PGC 模式

PGC（Professionally Generated Content，专业生产内容）模式，例如虎嗅、36氪（如图 10-2 所示）就是属于 PGC 模式。PGC 模式就是让意见领袖入驻或供稿，因为他们写的文章更专业，这样更有影响力和说服力。其实从用户运营的角度也可以说是 KOL 模式。

图 10-2　36氪首页

4. PGC 与 UGC 混合模式

今日头条、简书（如图 10-3 所示）用的就是 PGC 和 UGC 混合模式。另外，百度百家和知乎用的也是 PGC 和 UGC 混合模式。

图 10-3　简书官网首页

以上就是常见的 4 种资讯类网站的产品运营模式。大家可以结合自己的网站情况，选择其中一或两种运营模式运营网站。

10.1.2　电商类大型网站

作为电商类大型网站，产品运营的主要目的就是提升网站的付费用户数和销量。这里不讨论供应链运营的相关内容，仅讨论网站或平台产品本身的运营。其实主要就是围绕付费用户打磨产品，让消费者购买商品更加便利、更加实惠，让消费体验更加好。

电商类大型网站常见的运营模式有 5 种，下面具体介绍。

1．C2C 模式

百度百科的解释：C2C 实际是电子商务的专业用语，是个人与个人之间的电子商务。其中 C 指的是消费者，因为消费者的英文单词是 Customer（Consumer），所以简写为 C，又因为英文中 2 的发音同 to，所以 C to C 简写为 C2C。C2C 即 Customer（Consumer）to Customer（Consumer）。C2C 的意思就是消费者个人之间的电子商务行为。比如，两个消费者通过网络进行交易，一个消费者把商品出售给另外一个消费者，此种交易类型就称为 C2C 电子商务。

笔者的理解是：C2C 就是个人对个人的商业模式，比如淘宝就是这种模式，如图 10-4 所示。

图 10-4　淘宝网首页

2．B2C 模式

百度百科的解释：B2C 是 Business to Customer 的缩写，中文简称为"商对客"。"商对客"是电子商务的一种模式，也就是通常所说的直接面向消费者销售产品和服务的商业零售模式。

笔者的理解：B2C 就是商业对个人的模式。比如京东、天猫就是这种模式，苏宁易购（如图 10-5 所示）和国美也是这种模式。但是京东和国美又有些不同。区别在于，京东除了自己卖商品，其他商家也在它的平台上面卖商品，它搭建了一个 B2C 第三方平台模式，而不是纯粹的 B2C 模式，确切地说应该属于 B2B2C 模式。

图 10-5　苏宁易购首页

3．B2B 模式

百度百科的解释：B2B（也有人写成 BTB，Business to Business 的缩写）是指企业与企业之间通过专用网络或 Internet，进行数据信息的交换、传递，开展交易活动的商业模式。它将企业内部网和企业的产品及服务，通过 B2B 网站或移动客户端与客户紧密结合起来，通过网络的快速反应，为客户提供更好的服务，从而促进企业的业务发展。

笔者的理解是这样的：B2B 就是商业对商业的模式。这里的 B 如果指的是企业的话，那么定义非常狭隘。比如有些个体，虽然他没有注册公司，不是企业，但是他的行为活动仍然属于商业活动。因为都在为个人或企业提供商业服务。我们也把这些个体称为小 B。例如，在互联网酒店行业，有些酒店的投资行为实际上都是个人行为，但是又不是纯粹的个人行为。因为它靠跟更多的个体合作来推动项目的进展。例如，大城市的那些房东所做的事情，实际上也属于商业行为，也属于小 B。我们所知道的阿里巴巴、慧聪网（如图 10-6 所示）就是这种模式。

图 10-6　慧聪网首页

4．C2B 模式

百度百科的解释是这样的：C2B（Customer to Business，消费者到企业）是互联网经济时代新的商业模式。这一模式改变了原有生产者（企业和机构）和消费者的关系，是一种消费者贡献价值（Create Value），企业和机构消费价值

（CustomerValue）的模式。C2B 模式和我们熟知的供需模式（Demand Supply Model，DSM）恰恰相反。

笔者的理解是这样的：C2B 模式实际上就是一种客户到商业的模式。我们所知道的网易印象派就是属于这一种（如图 10-7 所示）。网易印象派主要就是个性化定制，用户根据自己的需求来定制各种产品，例如日历、明信片、水杯、抱枕等。这对于喜欢个性化的消费者来说，是非常不错的选择。笔者曾经就通过网上 C2B 平台，定制了一对个性化的情侣杯。

图 10-7　网易印象派首页

另外一个就是最近比较热门的 C2B 酒店预订服务平台"我行我宿"。2018 年 5 月，"我行我宿"宣布获得 1.5 亿元人民币的 A 轮融资。"我行我宿"预订模式类似于"滴滴"，用户下单，酒店抢单，再由用户自主选择交易。

C2B 这种模式，其实非常接近"用户是上帝"的模式。阿里巴巴创始人马云在汉诺威 IT 博览会开幕式上作了主题演讲。在演讲中马云表示，未来三十年，因为数据经济，人类社会将会真正进入巨大的变革时代。他说："未来的世界，我们将不再由石油驱动，而是由数据驱动；生意将是 C2B 而不是 B2C，用户改变企业，而不是企业向用户出售——因为我们将有大量的数据；制造商必须个性化，否则他们将非常困难。"

C2B 模式也是我非常看好的一种模式，特别是在目前的人工智能时代，因为有了大数据、云计算和区块链，个性化就特别容易得到满足，C2B 模式就特别容易实现。

5. O2O 模式

百度百科的解释是这样的：O2O 即 Online To Offline（在线离线/线上到线下），是指将线下的商务机会与互联网结合，让互联网成为线下交易的平台。这个概念最早来源于美国。O2O 的概念非常广泛，既可涉及线上，又可涉及线下，可以统称为 O2O。主流商业管理课程均对 O2O 这种新型的商业模式有所介绍及关注。

笔者的理解是这样的：O2O 实际上就是线上到线下的商业模式。比如我们所知道的美团（如图 10-8 所示）和大众点评网就是这种模式。你可以在美团官网或 App 上下单，然后出示二维码去线下店铺消费。

图 10-8 美团首页

10.1.3 垂直行业门户资讯类大型网站

垂直行业门户与前面所说的综合门户资讯类有所不同。垂直行业门户围绕所在行业进行更深度、更专业的运营，为行业用户提供专业的内容、产品和服务。其产品运营的目的主要是为行业内容的提供者、编辑者和内容的阅读者提供服务。

例如，中关村在线（如图10-9所示）、太平洋汽车网、妈妈网就属于这一类。

图 10-9 中关村在线首页

10.1.4 工具查询类大型网站

工具查询类大型网站，主要指的是通过网站为用户提供信息检索服务。其产品运营的目的主要是通过海量数据为用户提供个性化的、多维度的信息服务。

例如，企查查（如图 10-10 所示）、天眼查等提供法人、企业信息的查询平台，以及法律文书网提供裁判文书、法律法规数据、法学论文等数据查询的平台都是属于工具查询类大型网站。

图 10-10　企查查首页

10.2　围绕用户搜索需求的产品运营

前面提到的很多大型网站，其实很多的运营参考数据，刚开始都是依赖于用户的搜索需求数据。用户的搜索需求数据可以通过百度指数、SEO 工具、360 指数、淘宝指数和搜狗指数等方式获得。

举个例子：笔者在网易彩票工作的时候，我们发现，当用户通过搜索引擎喜欢搜索某个球队 VS 某个球队的时候，我们的产品就需要策划相应的页面，来满足用户的这个需求。列出球队与球队之间的历史战绩，包括比分、平均赔率和赛果等数据。

除了可以作为站内搜索的平台，还能积累站内用户的搜索需求数据。这样，后期通过站内用户的搜索需求数据，就能够很好地了解用户的需求，通过数据分析、最终落地到具体的产品策划、交互体验、内容策划、服务优化等方面去满足用户的需求。

例如，最早的安卓推广平台，其内部其实能够统计到用户平时喜欢搜索哪些关键字、搜索次数等数据，如安卓市场、机锋市场、应用汇、安智市场等。这些平台都可以通过内部统计工具，统计到用户的历史搜索数据，从而将那些搜索次数比较多的关键字进行更好的应用推荐、应用流量分发。包括资源的倾斜、商业变现的参考，都需要依赖这些数据。

10.3　大型网站产品运营的几种方法

大型网站产品运营跟前面提到的增长黑客用户增长模型一样，依然遵循AARRR漏斗模型。也就是拉新、留存、促活、转化、分享五大步骤。下面将为大家一一介绍。

10.3.1　拉新

拉新，也就是获得更多的新增用户。这里我们的主要工作就是对外推广。我们将推广分为免费推广和付费推广，或者将推广分为主动式推广和被动式推广。免费推广不是一分钱不花，而是花费的钱跟获得的回报相比几乎可以忽略。主动式推广从字面上大家就知道是什么意思，因此这里主要介绍什么是被动式推广。在笔者的博客虎勇网中我曾解释过被动营销的含义：

"真正的被动营销并不是闭门造车，等待客户登门拜访，而是通过大数据技术，洞察用户的需求、心理和行为，最终落实到关键字的路径搜索截流或者说关键字占位上。SEO、SEM 就属于被动营销的一种。"

其实被动式推广也可以用以上的内容来解释，把被动营销替换为被动式推广即可。被动式推广的定义最终如下：

真正的被动推广并不是闭门造车，等待客户登门拜访，而是通过大数据技术，洞察用户的需求、心理和行为，最终落实到关键字的路径搜索截流或关键字占位上。

1. 免费推广

我们讲到了很多推广方式，这里建议采用 SEO、新媒体、短视频和直播等免费推广方式。根据大家擅长的领域，选择一两种方式，做到极致就好了。

2. 付费推广

（1）搜索引擎付费推广（SEM）

付费推广，国内有百度 SEM、360 竞价 SEM、搜狗竞价 SEM 和神马 SEM；国外有谷歌 SEM 和必应 SEM 等。

从笔者多年从事 SEM 的投放经验来看，国内选择百度 SEM 效果还是不错的。

（2）门户网站等信息流广告投放

可以选择门户网站或信息流的付费推广。例如四大门户网站新浪、网易、腾讯和搜狐。信息流可以选择今日头条、百度信息流、搜狐信息流等。根据笔者以往的经验来看，今日头条的信息流投放效果还是不错的。

（3）电梯、地铁、公交等广告投放

电梯、地铁、公交类的广告，本人没有亲自实战过，不建议轻易去做。除非是为了打造某一个品牌或者快速地打开市场，又或者公司本身就属于传统行业。因为电梯、地铁、公交类的推广投入费用非常高。当然，如果真的要做，建议选择分众传媒。

10.3.2　留存

留存就是想办法让用户留下来，留在这个网站，留在这个平台。如何留住用户？这确实是一门非常深的学问。

首先，我们需要了解用户有哪些需求，他为什么来到你的网站，是通过搜索关键字过来的，还是直接输入网址过来的，或者是通过朋友圈的朋友推荐过来的。

其次，从用户的访问路径、网址的停留时间、看了哪些页面，可以大致对用户的需求有简单的了解。那么，我们就可以根据这些数据，提供与用户需求相关的内容或产品，从而更好地满足用户。

提升用户留存一般有以下几种方法，这里又分新客户留存与老客户留存。

1. 新客户留存

如何做好新客户留存呢？可以通过以下几种方式。

（1）新用户活动促销

例如，笔者之前在 P2P 行业做运营总监的时候，用的一些方法：新注册用户送 100 元红包；某些产品，只限新用户才能购买；例如，P2P 平台有些标年化率 15% 但是仅限新用户投注；新投资用户可以参加苹果手机抽奖。

（2）专题页面

例如，世界杯期间，为了满足看世界杯的这些用户，我们需要制作相关的专题。并且安排编辑整理相关的内容。

（3）提供好的产品体验

对于网站来说，用户首先接触到的就是你的网站。你的网站就是产品，你需要将网站做到交互设计体验好。例如，主色调不超过 3 种颜色；当我们在手机端访问网站中的视频时，需要提醒用户看视频可能会花费多少流量，让用户做选择；网站中有清晰的网站导航和面包屑，让用户能够快速地找到自己想要的产品，并且能够知道自己所处的位置等。

（4）提供好的服务体验

当用户通过在线客服或者其他在线聊天工具咨询问题时，需要做到及时地回复，并且耐心地回复用户的问题，这样才能给新用户留下好的印象。

当用户通过电话联系客服时，客服需要做到彬彬有礼，耐心地听用户的咨询或者反馈，然后第一时间处理用户的疑问或者问题。这样用户才能真正地喜欢我们的网站，最终在平台上留存下来。

2. 老客户留存

如何做好老客户留存呢?

老客户留存和新客户留存的方法是一样的。不同之处在于,老客户留存需要学会召回。

例如,当一些用户长期不登录网站,我们需要学会召回客户。可以通过以下几种方式召回用户。

(1)通过邮件召回

PC时代,用户注册网站一般都是通过E-mail;移动互联网时代,用户通过手机注册网站的居多。召回的方法如下:

- 通过提醒用户的好友有更新内容,利用好友的信任关系,将客户拉回至平台。例如,新浪微博就是采用这种方式。
- 通过提醒用户的同事、朋友对他有哪些评价,吸引用户点击链接回访网站。例如,脉脉职场实名社交平台就是采用这种方式。
- 通过在用户生日的那天送上一些礼物或者优惠券的方式,让用户回到网站。例如,某P2P平台就会通过在用户生日这天,给用户送2%的加息券。
- 通过用户之前在网站浏览过的内容,给用户推送相关的内容。这种方式适合专门做内容的网站。
- 通过用户之前在网站浏览或购买过的商品,给用户推送相关的商品。这种方式适合电商类网站平台。

(2)通过短信召回

通过短信召回和邮件召回的方式一样,不同的是推送的内容和推送形式有些差异,因为短信召回方式只能推送很少的文字。另外,带上短网址的短信方式比较好,可以节省短信字数和长度。

(3)通过电话召回

电话召回方式通常都是安排客服人员,让客服给用户打电话。随着人工智能的不断发展,可以通过人工智能拨打电话来唤醒用户。

常见的电话召回方式如下:

- 用户过生日时，送上生日祝福。这种电话的祝福方式比文字更有力量，体验更好，更让人感动。
- 公司出了新产品后，第一时间电话推荐给用户。这样很容易让一部分用户觉得受到了特殊的待遇。
- 节假日送上节日问候。这种方式也是一种和客户保持黏性的方式，后面所讲的促销活动也可以用这种方式。由于我国的节假日比较多，如果采用人工客服拨打电话的话成本会比较高，因此建议采用人工智能客服拨打电话。

10.3.3　促活

促活，就是想办法让用户保持在线和活跃的状态。常见的促活方式有以下几种。

方式一：在网站平台自身促活。例如，在网站首页或者醒目位置策划一个日常活动。这个日常活动主要有以下几种。

1．签到送积分活动

几乎每个网站或者 App 上都能看到签到送积分这样的活动。做这种活动的目的主要是为了提升网站的活跃度。在这方面做得比较好的有美食天下等，如图 10-11 所示。

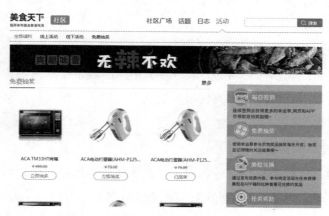

图 10-11　美食天下用于促活的活动

2. 免费抽奖活动

免费抽奖活动，例如，每天或者每周拿出一些礼品出来抽奖，这些礼品都是大家日常生活中能用上的。礼品可以自己花钱买，也可以让赞助商赞助。只要你的网站有人气，还是有很多赞助商愿意提供赞助的。因为他们自己花钱打广告也是需要钱的。这里仍然以美食天下举例。如图 10-11 所示，美食天下主要拿出了烤箱和打蛋器这两种厨房用品用于免费抽奖，主要也跟自己的网站定位于美食有关。在这里请大家注意，抽奖的礼品相关性越高越好，越利于提升自己的品牌形象和用户体验。

10.3.4　转化（成交）

做营销的最终目的就是为了成交。做运营的最终目的是为了转化。如果你连这个基本的概念都没弄清楚，那么很难做好运营工作。

这里的转化其实主要指的是在线转化，也就是在我们的网站转化。例如，在网站里下单购物、充值购买 VIP 等行为。

对于电商类网站来说，用户下单并支付才算是转化完成。因此，需要通过各种方式来促进用户下单，也就是将商品加入购物车，然后再通过各种方式让用户快速支付。

常见的几种促进用户下单的方法有：

- 包邮。
- 7 天无理由退换货。
- 好评率。
- 销量。

以上几点，大的电商平台基本都支持。

常见的几种促进用户支付的方法有：

- 支持信用卡支付；
- 支持分期且分期免息；

- 可以用类似于花呗或京东白条的方式支付；
- 可以用类似于淘币或者京东豆抵扣钱；
- 支持类似于京东卡这样的支付方式。

对于非电商平台来说，由于类别比较多，这里笔者只举购买 VIP 的例子。可以通过以下 3 种方式促进用户购买 VIP。

（1）提供短期的产品免费试用体验。例如，对于一年的 VIP 服务，可以先让用户免费试用或体验一两个月。

（2）给用户赠送 VIP 打折优惠券，并且限制有效期。例如，送给用户一张 8 折的 VIP 优惠券，但是限制在 1 个月内使用才有效。这样用户就会有一种压力，如果真的想买，就会在一个月内使用。

（3）以节假日的名义，给 VIP 套餐降价或打折。例如，在中秋节这一天搞一个购买 VIP 打 8 折的优惠活动。这样用户觉得难得遇到打折的机会，就会有购买的冲动。

10.3.5　分享（裂变）

分享或者说裂变，其实最终的目的就是为了让获客成本更低或者接近于 0。因为通过关系链的传播或推荐方式，很容易让用户产生信任感，并可能因此带来更多的新增用户。

因此，无论在 PC 时代还是在移动互联网时代，分享这个环节都变得特别重要。这也是考验一个人运营水平高低的很好的测量工具。

在网站方面，我们如何做好分享呢？

1．增加分享按钮工具

例如 A5 站长网，就在网站的每篇文章上面增加了分享按钮工具，如图 10-12 所示。

常见的分享工具有：

（1）百度分享（http://share.baidu.com/），如图 10-13 所示，强烈推荐大家

用这个工具，并且国内的大部分网站用的都是这个工具。

专访A5图王：从服务站长到服务创业者，一直在创业最前线！

2019-03-25 11:45 来源：A5创业网 我来投稿

2019年创业最赚钱的50个项目

随着移动互联网的发展，曾经属于站长的辉煌时代也已经慢慢消逝！

虽然站长的时代已经过去，但是我们不会忘记"站长"这个群体的存在！

站长，曾经"草根"的代名词，在PC互联网时代也曾经辉煌过，包括我们现在很多互联网成功人士都是草根站长出身。比如：hao123的李兴平，美图秀秀的蔡文胜，车和家的李想，都是个人站长的标杆！

图 10-12　A5 站长网的每篇文章都增加了分享按钮插件

图 10-13　百度分享首页

（2）bShare（http://www.bshare.cn/），是中国的社会化分享服务商，提供能分享到 QQ 空间、新浪微博、人人网等网站的分享功能。目前 bShare 已与 130 多家平台合作，赢得了 150000 多家网站的信任。

（3）jiathis（http://www.jiathis.com/）之前也是一款非常流行的分享工具，只是于 2013 年关闭了，但是其官网仍然可以搜索到，只是打开后没有内容。

2．策划分享活动

常见的一些分享活动如下：

（1）团购模式

邀请好友拼团，可以打折或者优惠价购买。这里一般都会设置一个团购人数，例如满多少人，此次团购生效。

（2）增加机会模式

例如策划一个抽奖活动，每邀请一个好友来注册，就增加一次抽奖机会。

（3）组队模式

邀请好友组队一起参与活动，可以获得团队奖励等。例如，有些网站办了一个家庭组，可以邀请自己的爸爸、妈妈、儿子、女儿等家庭成员加入这个家庭组。其实就是利用亲属这一强关系链，达到强转化的目的。

（4）分销模式

可参考线下发展代理的分销模式，设计两级分销模式，让用户成为你的销售员和代言人。当然，提成比例一定要设计得合理，这样用户才愿意帮你宣传。目前这个方式几乎是互联网线上运营的标准模式。

（5）虚拟等级与成就奖励

玩过《王者荣耀》游戏的人都知道，王者荣耀的等级如下：

- 等级一（最低级）：倔强青铜，分三小段；
- 等级二：秩序白银，分三小段；
- 等级三：荣耀黄金，分四小段；
- 等级三：尊贵铂金，分四小段；
- 等级四：永恒钻石，分五小段；
- 等级五：至尊星耀，分五小段；

- 等级六（最高级）：最强王者。

虽然我们谈的是网站的产品运营，但是也可以借鉴手游的运营模式。

由于越往后，等级越难获得，因此一旦用户辛苦达到一定的高等级，例如永恒钻石以上，就有可能会发到朋友圈炫耀。而每次的朋友圈分享，必然会带来一些感兴趣的人加入。这种分享效果也是不错的。

10.3.6　大型网站 SEO 产品运营经理

大型网站 SEO 产品运营经理这个职位，在某些以搜索引擎为主要推广方式的大型网站中会设置。对于这个职位，笔者的理解是这样的：

这个职位要求是一个既要懂 SEO，又要懂产品、懂运营的人来担任。这个岗位也可以说是一个非常综合的岗位。对于 SEO、产品和运营几部分的权重，笔者认为比例应该是 7∶2∶1。为什么 SEO 要占 70%，主要是因为产品运营的前提都是基于搜索引擎的数据分析，因此该岗位的人员一定要非常精通 SEO 才行。

大型网站 SEO 产品运营经理这个岗位在以搜索引擎为主要推广方式的大型网站算是核心岗位，因为关系到整个网站的流量高低，最终决定网站的收入高低。这个岗位未来可以晋升为增长负责人、首席流量官。

第 11 章
大型网站内容运营

作为一名合格的首席流量官，除了要懂 SEO、产品运营之外，还需要懂内容运营。本章将为大家介绍内容运营方面的知识。

11.1　内容运营概述

本节将从内容运营的概念、常见的几种内容运营模式来阐述。

1. 内容运营的概念

什么叫内容运营？笔者的理解是这样的：内容运营就是通过各种媒介或者传播载体，通过文字、图片、音频、视频、VR、AR 等内容，满足用户的需求。

2. 内容运营的本质

内容运营的本质，实际上就是通过各种方式更好地满足用户对于内容的需求。

3. 常见的几种内容运营模式

第 10.1.1 节中提到的几种产品运营模式，实际上也是内容运营模式。这里简单地回顾一下，分别是自编辑模式、UGC 模式、PGC 模式、UGC 和 PGC 混合模式。这 4 种内容运营模式在很多综合门户资讯类大型网站很常见。

11.2　满足用户搜索需求的内容运营

作为网站的内容运营，如果没有现成的资料，则无法知道用户喜欢看什么内容。因此只能通过百度指数、360 指数、微信指数、微博热点等工具，搜集相关数据进行需求分析。然后通过各种形式的内容来满足用户的搜索需求。

这里举一个笔者曾经在 500wan 彩票网工作的例子。

2010 年，我在 500wan 彩票网担任 SEO 运营经理，刚好赶上了足球世界杯。我通过百度指数工具了解到，用户在世界杯期间，搜索世界杯、足球比分的比较多。因此，我提前半年时间策划了一个世界杯专题，并且要求编辑在这个专题上每天都要更新与世界杯和足球相关的内容。最终当世界杯到来的时候，我策划的这个专题获得了来自搜索引擎带来的大量流量，并且给网站也带来了巨大的销量，提前完成了当年定下的 KPI 任务。

再举一个笔者在网易彩票的例子。

2012 年，我加入了网易彩票，当时笔者通过百度指数工具发现，用户平时会搜索双色球每一期的开奖信息，并且还喜欢搜索双色球每一期的预测信息，搜索量很大。笔者发现用户的这个搜索需求后，开始策划了双色球每一期的预测资讯页，并要求编辑每一期都要更新预测内容。活动上线不到 1 个月，网站流量增长了上万个 IP。最终以此单点突破，不到半年的时间，来自搜索引擎所带来的流量成为了同行业第一，超越了我曾经工作的公司 500wan 彩票网。

11.3　大型网站内容运营的框架

大型网站内容运营的框架主要由如图 11-1 所示的几部分组成。

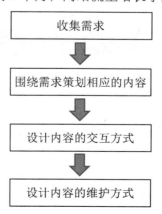

图 11-1　大型网站内容运营框架图

11.3.1　收集需求

本节所说的需求包括其他部门提交的需求，也包括自己发现的需求。

自己如何发现用户的需求呢？可以通过研究行业的产品属性、用户属性、用户兴趣和用户年龄等数据来预测，最终分析用户的需求。还可以通过百度指数（index.baidu.com）来搜集用户的需求。另外，对于每天的新闻热点，可以通过百度搜索风云榜（top.baidu.com，如图 11-2 所示）、微博热搜（s.weibo.com）、搜狗和微信搜索（weixin.sogou.com）等方式来了解。

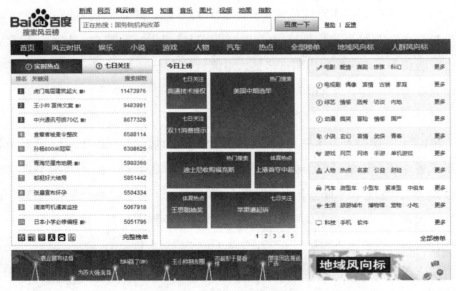

图 11-2　百度风云榜首页

11.3.2　围绕需求策划相应的内容

对于用户需求，我们应该如何有计划地满足呢？例如，当我们发现在电商网站用户对于品牌知识一无所知的时候，就需要搜集大量与品牌相关的内容，然后有计划、有步骤地一一呈现给用户。

11.3.3　设计内容的交互方式

是以文章资讯的方式发布内容？还是以专题汇总的方式呈现内容？还是在电商的商品详情页直接添加内容？还是把内容放在帮助中心或者新手指引页呢？或者是放在订阅内容一栏呢？

不同的交互方式，适用于不同的内容，需要灵活运用。

11.3.4　设计内容的维护方式

内容上线后，后期如何维护呢？谁负责日常的更新呢？例如，对于专题页，每天发多少篇相关内容？是一天发一次？还是一周发一次？

频道的内容每天写哪些方面的内容？对于热点内容每天什么时间跟进？每天出多少篇热点内容？

对于教育类网站，你的课程内容是如何规划的？一共上多少课时的内容？每节课的内容如何安排？

以上这些都需要内容运营负责人在运营计划里面写清楚。

总之，围绕"收集需求→围绕需求策划相应的内容→设计内容的交互方式→设计内容的维护方式"这4个步骤，才能很好地完成内容运营的工作。

11.4　大型网站 SEO 内容运营经理

大型网站 SEO 内容运营经理这样的职位，也只在某些以搜索引擎为主要推广方式的门户资讯类大型网站中存在。这个职位的要求和 10.3.6 节中介绍的对大型网站 SEO 产品运营经理的要求是一样的，请读者直接参考 10.3.6 节的内容，这里不再赘述。

第12章
大型网站 BD 合作

作为一名合格的首席流量官，除了要懂 SEO、产品运营和内容运营之外，还需要懂 BD 合作。本章将为大家介绍大型网站 BD 合作方面的内容。

12.1　什么叫 BD

BD 是 Business Development 的缩写，中文意思为商务拓展。百度百科对 BD 的解释是这样的：

BD 是指根据公司的发展来制定跨行业的发展计划并予以执行，和上游及平行的合作伙伴建立畅通的合作渠道，和相关政府、协会等机构沟通以寻求支持并争取资源。

笔者个人对 BD 的理解是这样的：BD 是通过各种方式和合作伙伴建立关系，以达到资源互补或者获得更多资源的目的。

笔者之前在做 P2P 运营总监的时候，曾经就做过与 BD 相关的工作。当时我们与新浪乐居、搜房网等网站都进行了 BD 合作。主要的合作方式是广告位互换。另外，我方还赞助他们线下的活动奖品，从线下导流到线上。但合作的最终效果不是非常明显，主要原因在于量不够。因为笔者不是全职做 BD，另一方面是我方互换的资源数量也非常少。

12.2　大型网站如何进行 BD 合作

2017 年，房天下（fang.com，搜房网的前身）广州总部的总经理朱总应邀给我和同事们分享了他们的网站是如何进行 BD 合作的。分享完后，我们受益匪浅，总结如下。

1．线上和线下进行合作

搜房网通过线上的资源，例如频道 Banner 图、栏目 Banner 图等广告位资源，跟线下的各十字路口上的大屏幕广告进行互换，获得了很多线下的流量曝光，取到了很好的品牌效果。

2．线上和线上合作

搜房网还与其他用户属性重叠度比较高的网站进行广告位互换合作。

以上两种 BD 合作方式的前提是量要大，否则就达不到大型网站所要求的 KPI 考核目标。因此，很多大型网站 BD 团队人数非常多，目的就是靠量取胜。

第13章
大型网站活动运营

13.1 什么叫活动运营

什么叫活动运营？百度百科是这样解释的：指活动公司针对不同活动、不同性质的活动进行运营，包含活动策划、活动实施，以及嫁接相关产业打造产业链。活动运营分为线上活动运营和线下活动运营。

对于活动运营，笔者的理解是这样的：活动运营指的是通过策划相关的活动，达到提升曝光、流量、品牌知名度、注册量、付费用户数量和销量等目的所采用的一种运营方式。

例如，微信的"春晚摇一摇送红包"活动、支付宝的"集五福活动"（如图13-1所示）、滴滴的"朋友圈送优惠券"活动、淘宝天猫"双11"活动等。

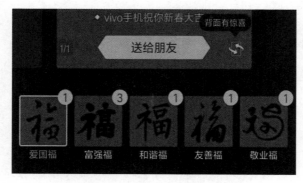

图13-1　支付宝的"集五福活动"

13.2　活动运营的目的

每个活动的目的是不同的，有的活动是为了提升流量，有的活动是为了提升品牌知名度，有的活动是为了提升销量，还有的活动是为了提升注册量。由于本书重点探讨的是流量，并且是基于大型网站这个主题，因而这里主要介绍的是以提升流量为目的的活动运营。这里的流量主要指的是访问量（UV）或者 IP（互联网协议地址）。

13.3　以提升流量为目的大型网站活动运营

以提升流量为目的的大型网站活动运营应该怎么做呢？下面讲解。

13.3.1　需要了解用户的需求

做一个大型网站活动，在活动目的明确后，就得了解用户的需求。例如，如果我是大众点评网旗下大众点评团的活动运营专员，现在为了提升网站的流量，该如何下手呢？大众点评团的用户一般是 18 ~ 50 岁的人群为主，他们喜欢在网上购物，甚至喜欢在网上点评商品。他们的需求是想通过团购的方式，免费或者以非常低的价格买到自己想要的商品。

13.3.2　给出诱饵，让用户参与

了解了用户的需求后，就要想办法寻找诱饵，让用户因为诱饵而被引导去完成你想要做的事情。

接着上面的例子，我会在大众点评团的首页增加一个"每日活动"页。这个活动每天都会让用户免费获得一些日常用品，例如手机套、数据线、充电宝、USB 台灯等，价格在 50 元以内即可。那么，用户如何免费获取呢？只需要每天登

录网站签到打卡，就能免费获得抽取日常用品的机会。

　　免费获取这些日常用品就是诱饵，用来引导用户去完成登录网站、签到打卡等后续流程。

13.3.3　评估获取每个流量的成本

　　因为这些诱饵是需要付出金钱或者资源的，因此需要核算出成本。接着上节的例子，假如每天送出 10 个奖品，每个奖品 30 元，则每天的成本大概是 300 元，那么每月的成本大概是 9000 元（0.9 万）左右。活动 1 个月后能给网站带来 100 万 IP，那么获取每个 IP 的成本就是 0.9/100=0.009 元。这个活动的成本算是非常低廉了。

13.3.4　活动检测与活动总结

　　前面所讲的方案只是一个预估，最终应该以实际情况做好数据汇总与记录。到底活动有没有达到预期？活动是成功的还是失败的？最终对活动进行总结，以便下次迭代。

第 14 章
人工智能与物联网时代的大型网站
流量运营探索

在人工智能与物联网时代，企业的网站应该扮演什么角色？用户访问网站的核心诉求是什么？大型网站流量运营应该如何开展？本章将围绕这 3 个问题展开讲解。

14.1　网站扮演什么角色

在 2016 年只剩 4 天的时候，"微信之父"张小龙现身微信公开课 PRO 版，进行了将近两小时的演讲。在这个公开课上，张小龙对未来做了畅想。他想象 10 年以后的画面是这样的：

"可能是一种类似于智能眼镜这样的设备成为主流。整个电脑的系统藏在眼镜里面，通过视网膜投射，我们能看到非常大的屏幕。眼镜背后的系统，不需要再安装应用程序，而是目光所及，相关的应用程序就到哪里。例如，想打开或关掉房间里的一盏灯，虚拟屏幕上灯的上方会出现一个虚拟开关，可以用我们的眼睛控制。那个开关，就是一个应用程序。当我走到公园门口，门票的应用程序就自动出现了。"

假如我们进入了人工智能与物联网时代，在这样一个万物互联的时代，你的网站究竟应该扮演什么角色呢？网站的交互方式会不会发生变化呢？比如用 VR

浏览器的网站，它的交互方式可能并不是我们通过鼠标、键盘、触摸来完成的，而是通过 VR 设备，通过眼睛等肢体语言完成的。因此，笔者觉得未来的物联网时代，网站不会消失，只是换了一种交互方式而已。我们只需要按照新的交互方式重新设计网站而已。

14.2　用户访问网站的核心诉求

人工智能与物联网时代用户访问网站的核心诉求是什么？笔者觉得应该与访问 PC 端和移动端的诉求一样。唯一不同的就是交互方式。当然由于交互方式的不同，交互体验会越来越好，越来越立体，越来越逼真。

14.3　大型网站流量运营应该如何开展

百度 CEO 李彦宏在《智能革命》一书里写到："搜索技术是人工智能的先驱，也是最早的互联网数字化世界的门户，其开发流程和技术核心为未来的人工智能奠定了基础。首先，搜索引擎必须与很大规模的数据打交道；其次，搜索引擎必须同时有大规模的机器学习，人工来做是不可能的事，因为数据规模太大了；最后，也是最根本的一点，搜索引擎的开发流程和工程开发文化与人工智能系统的开发是非常吻合的，都以数据为主，通过抽取其中的特征、模式，然后用这个模式给用户带来价值。人们在搜索业务中结成的协作关系，形成的业务能力和工作习惯，都很适合人工智能业务发展，与海量数据一样，积淀为人工智能企业的文化。所以陆奇在微软的做法是，培养人才先从 Bing 开始。你做过 Bing，你到其他什么部门都可以做，那些技术在搜索看来都是很简单的技术。"

李彦宏说得非常对，陆奇也非常具有远见。笔者觉得只要搜索这个行为没有消失，搜索引擎就仍然有很大的价值。那么 SEO 这个技术在人工智能与物联网时代也必然不会消失。

很多智能机器人的数据其实大部分来自于互联网。一个脱离了互联网的机器人，是不具备智能化前程的。

人工智能时代，会让 SEO 更加有价值。因为机器的判断也是依赖于搜索引擎，排名第一的网站才有机会成为机器人的唯一选择，这也是一件非常"可怕"的事情。因为机器人给人类的答案是必然要做到精简，而要精简，第一或者唯一的答案就显得非常重要。人工智能时代，如果你的网站通过 SEO 技术做到了搜索引擎排名第一，那么你拥有的不是 50% 的流量，而是 100% 的流量。

大型网站在物联网时代如何做流量运营可以从以下几个方面入手：

- 与一些人工智能开放平台合作，例如百度、腾讯、阿里巴巴。
- 做好搜索引擎优化，还有其他垂直类平台的站内搜索优化。这里尤其要多考虑语音垂直类平台，例如喜马拉雅、荔枝 FM 等平台。
- 将内容从文字化更多地向语音化、视频化、VR 化的方向转变。
- 与智能机器人或者智能设备厂商合作，增加更多的智能入口。
- 与 AR、VR 平台或厂商平台合作，为未来的入口做好布局。

人工智能和物联网时代已经来临，你准备好了吗？

| 后记 |

从 2018 年 12 月开始写这本书，到 2019 年 6 月完稿，历经半年有余。由于笔者是第一次写书，加之写作时间仓促，难免内容不够丰富，页数也比较少。

这本书的大部分内容来源于笔者的《大型网站 SEO 总监修炼之道》视频课程，是用视频课程的讲稿整理和补充而来。为了让读者花一本书的钱就能学到与 2800 元的视频课程同等价值的知识，笔者并没有大量删减和修改视频课程里的内容，而是保留了课程的精华并做了一些补充，以便让读者觉得买这本书很超值。

随着移动互联网、智联网、物联网的发展，很多企业都诞生了大数据和增长部门。最近几年，"增长黑客"这个热门词语也走进了互联网公司的视野。很多公司不再设置"首席营销官"这个职位，而是改为了"首席增长官"。但是无论世界怎么变化，都是万变不离其宗，所有的变化都不是无中生有，而是从之前的技术演化而来。"增长黑客"也是从 SEO、营销、产品和技术等互联网的相关领域演变而来，无非就是把这些领域的相关技术和思维进行了整合和融合，打包成一个综合体而已。其实，一个人很难做到同时拥有这些领域的每项技术和思维。没有完美的个人，只有完美的团队。因此，一个"增长团队"必然要引入技术、营销、产品、设计和 SEO 等领域做得比较出色的人员加入。

最近几年，百度搜索引擎做了很多大的调整。先是上线了百度熊掌号，后又增加了百度小程序和百度好看视频。以前那种只要了解基本的 SEO 方法或靠简单的 SEO 技巧就能做出引流效果的时代一去不复返了。

百度熊掌号让"小白"能按照提示一步一步地把流量做上来。你要做的似乎不是 SEO，而是如何创作原创内容，做的是一个互联网编辑人员的活。

百度小程序让不懂 SEO 的技术人员也能按照百度的要求一步一步地操作，最终获得很好的排名和流量。因为百度把大部分的流量都导给了小程序。

百度好看视频，这是一款有点类似于抖音短视频的产品。由于抖音短视频巨大的流量效应，百度自然也不会将这个"大蛋糕"拱手相让给腾讯、今日头条和快手等竞争对手，所以百度在这个领域也做了重点部署，以达到好的引流目的。但是对于短视频而言，它和 SEO 已经没有太大的关系了。它对相关参与人员的要求更高，除了视频要原创之外，还要满足用户的其他需求。这不是一个人能做好的，起码得是两三人以上的小团队才能做出点效果来。

随着 5G 的诞生，未来我们看到的不仅是短视频，而且还会有 VR 视频出现在各大视频平台。随着拍摄 VR 视频的设备成本降低，以及互联网带宽传播速度的提高，以后人人都可以拍摄 VR 视频，也可以随时随地将所拍摄的视频上传到视频网站上。而 VR 的终端未必是手机，也有可能是智能眼镜，或者是智能手表。这也必然会带来引流的变化，需要增长人员去应对。

作为一名 SEOer、增长黑客、流量运营人员或网站运营人员，我们要做的事情是如何通过关键字去发现用户的需求，并通过满足用户的需求创立属于我们自己的平台和事业。

SEO 以后将变得无处不在，因为它已经成为了一种底层的技术和能力，而且是一种大家都能掌握，也容易掌握的技术和能力。

本书虽然篇幅不多，但都是笔者从业经验的一些总结和感悟，是一些"干货"，不掺杂"水分"。书中的内容主要侧重于 SEO 的思维和方法，但对 SEO 的具体实施技术着墨较少。读者朋友如果能够透彻理解本书所讲，必然会有所感悟，对 SEO 的思维和方法有更加透彻的理解。如果时间允许，或者机缘巧合，笔者打算以后再写一本关于 SEO 具体实施技术的图书，作为本书的姊妹篇。这样读者就可以通过这两本书，花很小的代价，就能比较系统地掌握 SEO 的知识体系。但愿这一计划能早日付诸行动，让这件事更加圆满地完成。

即便笔者拥有超过 12 年的 SEO 经验，但毕竟是第一次写书，有些地方难免有错漏或不足，欢迎各位读者指正。读者可以发 E-mail 到 happyfordream@qq.com 联系笔者，也可以直接在笔者的微信公众号《乌龟跑马拉松》上留言，笔者将尽力解答各位读者的疑问。

最后感谢 Zac、夫唯和曾荣群等 SEO 圈内的知名人士对本书的大力支持！感谢虎勇网 VIP 群里的同学对本书的大力支持！也感谢出版社的编辑对本书所做的大量工作！

虎勇网 CEO　胡勇